河南财经政法大学
HENAN UNIVERSITY OF ECONOMICS AND LAW

中国（河南）自由贸易
自由贸易试验区

U0583288

提升利用外资与营商环境质量

新趋势、新理念、新实践

张嘉斐 / 著

Improving the Quality of Foreign Investment
Utilization and Business Environment

经济管理出版社
ECONOMY & MANAGEMENT PUBLISHING HOUSE

图书在版编目（CIP）数据

提升利用外资与营商环境质量：新趋势、新理念、新实践/张嘉斐著 . —北京：经济管理出版社，2023. 8

ISBN 978-7-5096-9188-5

Ⅰ . ①提⋯　Ⅱ . ①张⋯　Ⅲ . ①外资利用—投资环境—研究—中国　Ⅳ . ①F832. 6

中国国家版本馆 CIP 数据核字（2023）第 164995 号

组稿编辑：杨　雪
责任编辑：杨　雪
助理编辑：王　慧
责任印制：黄章平
责任校对：张晓燕

出版发行：经济管理出版社
　　　　　（北京市海淀区北蜂窝 8 号中雅大厦 A 座 11 层　100038）
网　　址：www. E-mp. com. cn
电　　话：（010）51915602
印　　刷：唐山昊达印刷有限公司
经　　销：新华书店
开　　本：720mm×1000mm/16
印　　张：12. 75
字　　数：222 千字
版　　次：2023 年 8 月第 1 版　　2023 年 8 月第 1 次印刷
书　　号：ISBN 978-7-5096-9188-5
定　　价：78. 00 元

"自由贸易试验区研究丛书"总序

　　建设自由贸易试验区是新形势下全面深化改革和扩大开放的重大战略举措，在我国改革开放进程中具有里程碑意义。作为深化改革开放的"试验田"和体制机制创新的"排头兵"，自由贸易试验区建设向世界展现出中国的开放大门越开越大的决心和信心。

　　自2013年9月设立中国（上海）自由贸易试验区以来，我国先后部署设立了21个自由贸易试验区和海南自由贸易港，形成了覆盖东西南北中的试点格局。10年来，自由贸易试验区肩负着"为国家试制度、为地方谋发展"的使命，以制度创新为核心任务，以可复制可推广为基本要求，大胆试、大胆闯、自主改，聚焦投资贸易自由化便利化、金融开放创新、政府职能转变等众多领域进行一系列改革创新和大胆探索，着力构建市场化、法治化、国际化的营商环境，推进由商品和要素流动型开放向规则等制度型开放转变，很好地发挥了全面深化改革试验田的作用。

　　改革开放永无止境。党的二十大报告提出，实行更加积极主动的开放战略，加快推进自由贸易试验区、海南自由贸易港建设，扩大面向全球的高标准自由贸易区网络。新时期，中国自由贸易试验区改革创新逐步进入"深水区"，改革创新任务更为艰巨，需要更加深入推进制度型开放，更大力度破解制约高质量发展的政策制度障碍，更加深入探索新的制度来解决新发展阶段出现的各种问题，着力建设高水平开放型经济新体制，发展更高层次开放型经济。

　　快速发展的中国自由贸易试验区迫切需要自由贸易试验区建设理论和实践上

的创新与突破。在开展自由贸易试验区理论和实践研究、为自由贸易试验区建设提供智力支撑方面，智库也应该发挥重要作用。作为智库，需要及时跟踪研究自由贸易试验区建设进展，总结和理论化其开放理念、模式与战略上的创新经验；同时立足新时期自由贸易试验区建设的新使命、新任务，开展前瞻性、预判性、储备性政策和制度创新研究，为推动中国自由贸易试验区高质量发展提出系统、科学的决策建议。这一考虑，就是我们编写和出版"自由贸易试验区研究丛书"的初衷。

这套丛书聚焦全国自由贸易试验区建设，紧扣国家战略需要，对自由贸易试验区治理、外向型经济发展、制度型开放、法治化建设、区域协同发展、国际合作战略等自由贸易试验区发展中的重大问题领域进行集中探讨，深度挖掘自由贸易试验区建设的理论逻辑、制度逻辑与现实逻辑，多学科、多视角推进自由贸易试验区的理论和实践创新。我们希望通过丛书的编写，能够助力中国自由贸易试验区加快建设成为新时代改革开放的新高地。

我们期待与学界同仁共同推进自由贸易试验区的理论研究，期待与国内外智库、研究机构的交流与合作。

河南财经政法大学

中国（河南）自由贸易试验区研究院执行院长

郭宏

2023 年 6 月 26 日

目　录

第一章

全球投资趋势与政策

20 世纪 70 年代以来，全球直接投资规模总体趋于扩大，从 20 世纪 70 年代的 132 亿美元、80 年代的 544 亿美元、90 年代的 2040 亿美元，到 2000 年达到 1.36 万亿美元、2007 年接近 2 万亿美元的水平，此后多年在 1.5 万亿美元的水平上波动①。自 2008 年全球金融危机爆发以来，全球经济多年来一直处于"低增长、低利率、低通胀"的弱势复苏态势，经济复苏乏力且脆弱。2016 年下半年，全球经济出现改善迹象。2017 年下半年，全球贸易和投资继续回升，全球经济增长率达到 3.8%，是 2011 年以来增长最快的一年。但受多种因素影响，2019 年全球经济再次陷入同步放缓，全球 GDP 增速降至 2.4%。由于制造业持续疲软，到 2020 年，发达经济体的整体增长率从 1.6% 放缓至 -4.6%②，外商直接投资（FDI）下降至 1 万亿美元。在宽松的融资环境与重大基础设施计划的双重刺激下，2021 年全球经济状况有一定好转，外商直接投资大幅反弹至 1.58 万亿美元，较 2020 年的极低水平增长 64%③，全球外商直接投资展现出一定的反弹势头。但 2022 年以来，在能源、食品和大宗商品价格上涨，通胀飙升以及主要国家收紧的货币政策背景下，全球增长前景逐步转弱。

从中长期来看，全球主要国家投资政策调整对全球外商直接投资构成巨大冲击，对国际分工也带来重大影响。20 世纪 90 年代以来的全球化进程中，产业间分工逐步转向产业内分工，并最终演变为不断深化的产业链分工。全球产业链分

---

① 根据历年联合国贸易和发展会议发布的《世界投资报告》整理。
② 资料来源：世界银行。
③ 资料来源：《世界投资报告 2022》。

工有助于提高资源配置效率，实现显著的成本节省和价值创造。但在多种因素影响下，跨国企业开始关注供应链系统的自主可控，更倾向于靠近本土的生产配置，以提高协作系统的韧性。

第一节　全球 FDI 流动趋势与展望

纵观全球投资市场，由于跨国公司在投资地历年盈利的再投资以及高频率的并购活动，2021 年，发达国家的外商直接投资占到全球总额的近 3/4[①]。在多种因素的影响下，西方发达国家采取了极度宽松的货币政策，大量货币涌入消费市场，一方面导致西方国家市场上被压抑的消费需求不断释放；另一方面宽松的货币政策也导致融资成本的大幅下降，世界主要跨国公司的利润水平均有较大增长，可供进行投资的资金也逐渐增加，推动了外商直接投资的大幅度增长。

一、全球 FDI 流动的历史趋势

从过去三十年的演变趋势来看，全球产业链的重构由来已久。从 1990 年初到 2007 年全球金融危机之前，国际生产经历了近二十年的快速增长。全球外商直接投资存量在 1990~2010 年增长了 10 倍，全球贸易额增长了 5 倍。但在全球金融危机后，尤其是在 2010 年后，随着一些发达经济体的重新工业化进程，以及另一些经济体对早期"去工业化"路线的扭转，国际生产格局呈现出一种长期、缓慢的本土化生产趋势。国际贸易领域表现出同样趋势，在以超过 GDP 两倍的速度增长了数十年后，全球出口货物和服务的增长速度在 21 世纪 10 年代明显放慢，全球价值链已进入到新的时期，国际生产体系早已到达拐点（见图 1-1）。

全球化进程与跨国公司的发展息息相关。短短几十年间，西方跨国公司就从最初的以寻求自然资源为目的的简单跨境，发展到构建起复杂的国际生产网络。但这一跨国扩张趋势在 2010 年前后因跨国公司跨境生产能力投资停滞戛然而止，

---

① 资料来源：《世界投资报告 2022》。

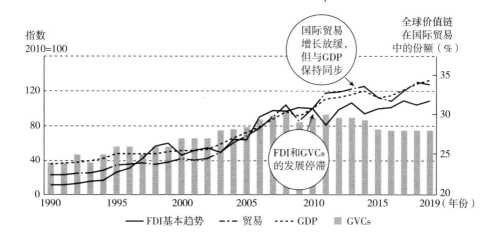

图 1-1　1990~2019 年全球 FDI、贸易、GDP 和 GVCs 的演变趋势

资料来源：联合国贸易和发展会议（UNCTAD）。

主要原因是 FDI 收益率的逐步下降。从表 1-1 可知，FDI 收益率在全球金融危机爆发前达到 9.6% 的峰值，此后进入下跌通道，到 2019 年已跌去三成，为 6.2%。投资收益率的快速下降使发展中国家对于跨国公司的吸引力趋弱。

表 1-1　1990~2019 年全球 FDI 投资额和收益率演变

年份	1990	2007	2017	2018	2019
投资额（十亿美元）	244	1452	1601	986	1314
收益率（%）	8.3	9.6	6.2	6.4	6.2

资料来源：联合国贸易和发展会议（UNCTAD）。

生产的自动化降低了跨国公司在全球范围内追寻低成本劳动力优势的动力。劳动力成本套利一直是塑造现代国际生产模式和全球价值链的主要力量之一，但越来越多的工业机器人正在改变这一现象。在汽车和电子行业，先进的工业机器人不仅可以执行各种复杂任务，其价格还足以媲美发展中国家的低人工成本[1]。在未来，更先进、更高效的机器人会大量普及，推动更多行业出现再转移倾向。目前已经拥有大量工业机器人的印度、巴西和墨西哥等国[2]，将从现状中受益。

---

[1]　资料来源：《世界投资报告 2017》。

[2]　Hallward-Driemeier M. Nayyar G. Trouble in the Making? The future of Manufacturing-led Development［M］. Washington D. C.：World Bank，2017.

◆ **提升利用外资与营商环境质量：新趋势、新理念、新实践**

近年来，各国新的投资限制政策反映出政府部门对国家安全、战略资产、科技发展的关切（见表1-2）。2019年，至少有11宗大型跨境并购交易因监管原因被撤销或阻止。在未来，金融服务、电子、通信、生物技术甚至农业领域的知识产权可能受到更严格的保护，知识密集型产品和部门的国际投资还将面临越来越多的限制。

表1-2　国际生产的政策环境演变

年份	关键事件	变化趋势
2008	在美国举行的第一次G20峰会重申了对多边开放制度的承诺，提出未来12个月，将反对抬高投资、货物及服务贸易新壁垒，反对设置出口新限定或实施有违世界贸易组织规定的措施来刺激出口；美国决定参与跨太平洋战略经济伙伴关系协议（TPP）谈判，并邀请澳大利亚、秘鲁等一同加入谈判	全球金融危机后，G20国家表示愿意保持国际贸易体系的开放
2012	东盟与澳大利亚、中国、日本、新西兰、韩国和印度启动了"区域全面经济伙伴关系"（RCEP）谈判	多边协定逐步减少，导致更多的双边和区域协定
2013	在巴厘岛WTO部长级会议上，《贸易便利化协定》谈判结束，服务贸易协定谈判启动；欧盟和美国开始就跨大西洋贸易和投资伙伴关系协定（TTIP）进行谈判	
2015	联合国发布可持续发展目标——《2030年可持续发展议程》	
2016	英国投票退出欧盟；G20杭州峰会通过《G20全球投资政策指导原则》；关于TTIP、国际服务贸易协定（TISA）的谈判暂停	
2017	美国退出TPP，重新开启北美自由贸易协定谈判，启动国内税收改革以鼓励跨国公司在国内投资；中美进行为期100天的商业贸易对话，以减少中美贸易逆差；在第十一届WTO部长级会议上，一些成员同意推进关于电子商务、投资便利化和微型企业、中小型企业的讨论	
2018	中美在三轮谈判中相互提高贸易关税，直到在12月双方同意暂停征收新关税90天；在美国缺席的情况下，11国签署TPP协议；美国、墨西哥和加拿大达成《美国—墨西哥—加拿大协定》（USMCA），以取代《北美自由贸易协定》；澳大利亚、美国、英国、德国和法国陆续在国家投资政策中引入了多项限制性措施，在涉及"国家安全"的行业建立投资筛选机制；55个非洲联盟成员国中的44个国家联合签署了《非洲大陆自由贸易协定》	贸易紧张加剧，出现针对FDI的更多批评
2019	欧盟建立了第一个外国投资筛选框架，允许欧盟委员会在一项投资被认为将威胁欧盟利益时发表意见；中国和美国对货物出口征收5%~25%不等的新关税；在印度缺席的情况下完成了RCEP谈判；WTO上诉机构失效；欧盟与英国就英国脱欧问题达成一致	

资料来源：笔者根据历年联合国贸易和发展会议（UNCATD）发布的《世界投资报告》整理。

二、全球 FDI 流动的产业趋势

全球金融危机以后，推动全球产业链重构的上述经济、技术和政策因素，都已达到足以从根本上改变国际生产配置的关键拐点。

（一）产业增加值呈现地理分布

全球产业链重构的第一个趋势将体现在增加值地理分布方面，主要有三种典型趋势：一是增加值分布的进一步分散化（如低技术 GVC^① 密集型产业）；二是增加值分布从集中走向分散（如战略资源产业）；三是增加值分布从分散走向集中（如高技术 GVC 密集型产业）。

增加值地理分布分散化的趋势将在低技术 GVC 密集型产业中表现得更为明显。受限于经济和技术的可行性，纺织、服装等低技术产业的生产自动化程度较低，跨国公司从劳动力成本差异中获利的动机依然强烈。因此，相关行业可能会在一段时间内继续发展其复杂的国际分工网络。通过运用数字技术加强供应链协调和控制，这些行业甚至会成为由劳动力成本套利驱动的离岸外包新前沿^②。

战略资源产业价值链上的增加值分布将从集中走向分散。受资源禀赋、硬件基础设施的影响，石油产业的跨境生产投资历来都是高度集中的。管道、炼油厂、运输和储存设施都集中在资源地周边。但在 2020 年第一季度，流入阿拉伯联合酋长国的绿地项目投资额比 2019 年同期下降了 56%^③。这表明能源行业的跨境投资性质正在发生变化，跨国企业在未来将更多地投资于天然气和可再生能源，以及为电动汽车市场服务的技术和基础设施，如下游零售业务中的充电站。由于上述投资方向对地理区位的要求较低，将导致价值链上的增加值分布趋于分散。

高技术产业价值链上的增加值分布将从分散走向集中。由于其提供的是医疗设备等基础性商品，或被认为具有经济或技术角度的战略重要性，高技术产业将受到更多的政策干预。自动化、机器人技术的发展是产能向发达国家回迁的技术触发因素。数字技术和电子商务的普及，使得增加值在早期研发活动和后期营销

---

① GVC 指全球价值链，是指为实现商品或服务价值而连接生产、销售、回收处理等过程的全球性跨企业网络组织，涉及从原料采购和运输，半成品和成品的生产和分销，直至最终消费和回收处理的整个过程。

② Baldwin R. The Globotics Upheaval［M］. Oxford：Oxford University Press，2019.

③ UNCTAD. World Investment Report 2020［R］. New York：United Nations Publications，2020.

活动中进一步集中。大部分的价值链增值活动将集中在少数地点的大型跨国公司手中，许多在低成本地点完成的劳动密集型任务将获得相对更少的增加值。

以汽车行业为例，其拥有着典型的高度分散的生产过程，在全球有着 OEM①的复杂网络和在各地运营的多层供应商。2018 年，汽车产业的国际性生产枢纽分布在 15 个国家，它们提供了全球 88% 的汽车产能。但是在技术和需求驱动、可持续性法规等因素的共同推动下，未来汽车生产将转向需要更少组件和具有更短价值链的电动汽车上，这可能会缩小汽车生产网络。传统汽车内燃机的传动系统具有 2000 个运动部件，而电动汽车只有 20 个运动部件，增加值主要集中在约占总成本 40% 的电池及其他的少量关键系统部件中。因此，电动汽车供应链所涉及的供应商要少得多。例如，特斯拉只有分布在几个国家或地区的约 300 家供应商，宝马则拥有分布在全球 50 个国家的 4500 家供应商，日产的全球供应商更是多达 5000 家②。由此可见，随着生产活动从传统汽车向电动汽车转型，汽车产业价值链上增加值地理分布集中化的中长期趋势将得到强化。

（二）产业链短链化

全球产业链重构的第二个趋势是短链化。价值链的长度在很大程度上取决于生产网络是全球性的还是区域性的。生产模块化、专业化和规模经济共同推动了价值链的多层次发展，推动着价值链的不断延展。但其实早有学者觉察到产业链区域化在东亚和北美地区的加剧趋势③。2020 年以后，为构建自主可控的供应链，许多国家着手推动价值链区域化。外商直接投资从全球效率寻求型投资向区域市场寻求型投资转变，从分散的垂直专业化投资向更广泛的工业基地和集群投资转变，推动着产业链区域化的大发展。

产业链区域化及由此导致的短链化现象将非常普遍，但不同行业的变化原因可能各不相同。在纺织、服装和食品等行业，是由于生产工艺相对简单、生产工序易于大规模复制而导致的生产区域化和短链化。在电子和汽车等高技术 GVC 密集型产业，是由于西方国家的产能回迁导致的短链化。而在制药行业，则是为

---

① 原始设备制造商简称 OEM，OEM 是英文 Original Equipment Manufacturer 的缩写，也称为定点生产，俗称代工（生产），基本含义为品牌生产者不直接生产产品，而是利用自己掌握的关键的核心技术负责设计和开发新产品，控制销售渠道。

② UNCTAD. World Investment Report 2020 ［R］. New York：United Nations Publications，2020.

③ Miroudot S，Nordström H. Made in the World Revisited ［R］. EUI Working Paper RSCAS，2019.

了更靠近消费市场、更便于实施个性化定制，为了获取重要的特定市场优势，从而采取集中协调的分布式、短链化制造模式。

在制药行业，近年来迅速发展的制药和生物技术正推动更多的产品品种、更短的产品生命周期和更小的药品数量。药品最终会分销到世界各地，有时候企业还需要在当地市场为个别病人提供个性化服务，这导致制药业需要分布更广泛的微型工厂。医疗保健类跨国企业将会选择更大的地理多样化和更具弹性的供应链，倾向于在所有的主要市场配置类似设备。3D 打印（又称增材制造）技术恰好迎合了制药行业的这一需求。3D 打印可能是全球价值链中最具革命性的技术之一①。在 3D 打印模式下，相对便宜的标准化 3D 打印机使小批量生产在经济上变得可行，从而实现从大规模生产向大规模定制的转变。使用 3D 打印药物、临床口罩或呼吸机已被证明是防止药品严重短缺的现实选择。可以说，3D 打印显著增加了生产活动的地理分散性，使分布式制造成为可能，导致价值链的明显收缩。

（三）价值链治理模式发生变化

全球产业链重构的第三个趋势体现在价值链治理模式的演变方面，即微观层面上低技术 GVC 密集型产业链的平台化治理和高技术 GVC 密集型产业链的内向化治理，以及宏观层面上由多边合作向区域合作、双边合作治理模式的转变。

在低技术 GVC 密集型行业，外包而非外商直接投资的国际生产模式将继续强化，借助数字化平台对分散的供应商进行集中协调变得十分重要。外商直接投资强度指标表明，目前，纺织和服装价值链的外商直接投资存量与该部门在国际贸易中的重要性并不相称②。这反映出纺织和服装业的跨国公司将大量工序外包给低成本劳动力地区的传统习惯。在未来，从大规模工业投资转向小规模分布式制造后，生产活动会更加分散，将有更多的数字化平台帮助实现供应链的高效协调运转。供应链治理平台化在减少治理和交易成本的同时，还能够更有效地协调全产业链，从而成为低技术 GVC 密集型产业的价值链治理新趋势。

---

① Laplume A O，Petersen B，Pearce J M. Global Value Chains from a 3D Printing Perspective ［J］. Journal of International Business Studies，2016（5）：595-609.

② UNCTAD. World Investment Report 2020 ［R］. New York：United Nations Publications，2020.

高技术 GVC 密集型行业的价值链治理将越来越内向化。在全球价值链中，基本研发等知识密集型活动的内向化倾向将变得更高。例如，在制药 GVC 的国际生产网络中，由于对隐性知识的高度依赖，跨国公司会在药物活性成分研究过程中更多地采用外商直接投资这种内向化治理模式，而不愿采取贸易方式。未来阶段，更多的轻资产、重知识型企业牢牢掌控着高技术 GVC 密集型行业的链主位置，核心技术的研发活动越来越内向化，使得发展中国家的企业更加难以实现基于纵向专业化的价值链地位攀升。

三、全球 FDI 流动的地理趋势①

2021 年，所有地区的外商直接投资流量均强劲恢复。流向发达经济体的外商直接投资较 2020 年的极低值增加了 134%，达到 7460 亿美元，占据了全球增长的大部分份额。发达经济体外商直接投资的强劲恢复显示了各国经济刺激计划的显著影响，为跨国企业创造了高额收益，并反映了由于发达市场中完善的金融体系，经济刺激计划对其外商直接投资流动的影响更大。48 个发达国家中的 34 个外商直接投资有所增加，北美和其他发达国家的资金流量上升，而欧盟的资金流量则发生下降。

流向发展中经济体的外商直接投资增速低于发达经济体，但仍增长了 30%，达到 8370 亿美元。这一增长的主要原因是亚洲强劲的增长、拉丁美洲和加勒比地区的部分复苏以及非洲的增长。发展中经济体在全球资金流动中的份额仍略高于 50%。具体而言，流向非洲的外商直接投资从 2020 年的 390 亿美元增至 2021 年的 830 亿美元，大多数受援国的外商直接投资均出现温和增长，同时一些大规模的内部金融交易进一步增加了非洲大陆的外商直接投资存量；绿地投资仍较为低迷，但国际项目融资交易增长了 26%，其中采掘业增长强劲。在亚洲发展中国家，外商直接投资达到 6190 亿美元，2019～2021 年创下历史新高。同时，亚洲也是最大的外商直接投资流入地区，占全球外商直接投资的 40%，然而亚洲外商直接投资的流入地高度集中，其中 6 个经济体占该地区总量的 80% 以上。2021 年，拉丁美洲和加勒比地区的外商直接投资增长了 56%，达到 1340 亿美元，多

---

① UNCTAD. World Investment Report 2022［R］. New York：United Nations Publications，2022.

数经济体的资金流入呈现反弹趋势，但该地区的流入总额仍比 2020 年前低 15%左右。2021 年，流向经济结构薄弱的小型经济体的外商直接投资增长了 15%，为 390 亿美元；流向最不发达国家、内陆发展中国家以及发展中的小岛国的资金总额仅占世界外商直接投资总额的 2.5%，低于 2020 年的 3.5%。

四、全球 FDI 流动的展望

近期，国际营商和投资环境面临巨大变化。未来全球投资规模可能出现大幅下降：一是全球经济陷入危机甚至萧条，跨国公司盈利能力剧烈下降，对外投资动力不足。二是在数字化推动下，跨国企业对外投资出现轻海外资产的倾向，更多地依赖于非股权投资模式。传统制造业跨国企业全球价值链数字化、智能化、自动化、服务化加速，导致全要素生产率不断提高，加重了一些行业生产能力过剩的压力，压制了新增投资，特别是资源和效率寻求型投资。三是俄乌冲突的持续影响将造成世界上许多国家或地区面临粮食、燃料与金融的三重危机，投资者的不确定性与风险规避可能会给全球外商直接投资带来重大下行压力。

从外商直接投资的宏观治理角度来看，未来将以更多的区域经济一体化、双边合作取代曾经的多边合作机制。逆全球化兴起、美国奉行"美国优先"政策，使多边贸易谈判陷入僵局，世贸组织几近停摆，全球多边贸易体制遭到破坏。未来阶段，一些区域性经济合作组织，如北美、欧盟、中国—东盟、美洲、非洲各类自由贸易区以及中日韩自由贸易协定，将在构建区域内联系与对话机制、推动区域或双边多领域合作、建立国际政治经济新秩序方面发挥更加重要的作用。

第二节　全球 FDI 的行业分布

全球外商直接投资的投资方式主要有三种，分别是跨境并购、绿地项目和国际项目融资。跨境并购是跨国兼并和跨国收购的总称，是指一国企业（又称并购企业）为了达到某种目标，通过一定的渠道和支付手段，将另一国企业（又称被并购企业）的所有资产或足以行使运营活动的股份买下来，从而对另一国企业的经营管理实施实际的或完全的控制行为。绿地项目在很多领域中指的是一项不被先前工作限制的工程，类似在建筑领域中，在绿地区块中进行的建造工程，无须考虑现有楼宇或设施的限制。国际项目融资是指贷款人主要依靠项目经营而产生的现金流量来收回贷款的一种融资方式。它主要用于大型的、资本密集的开发建设项目，如能源、交通等工程项目。

西方国家经济政策呈现逐渐内倾化的倾向。2008 年，全球金融危机以来，驱动经济全球化的因素不断弱化，抑制经济全球化的因素逐步强化，是西方国家政策环境演变的典型特征。近 10 年来，西方国家对经济活动的干预明显增加，国家政策开始转向内倾化趋势。在投资政策方面，加强了投资监管机制，尤其是在战略产业和关键基础设施领域。但随着时间的推移，2021 年，跨境并购、绿地项目和国际项目融资交易的金额和数量都有所增加（见图 1-2）。强劲的金融市场和宽松的融资环境推动国际项目融资数量达到了 68% 的强劲增长，跨境并购活动大幅增加 43%。相对而言，新宣布的绿地项目数量仅增加 11%。

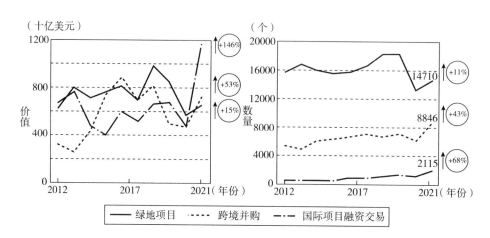

图 1-2 2012~2021 年跨境并购和已宣布的绿地项目的价值和数量

资料来源：联合国贸易和发展会议（UNCTAD）。

首先，2021 年全球跨境并购额达到 7280 亿美元，同比增长 53%。在服务业领域，全球跨境并购的规模增长了一番，达到记录以来的最高水平 4610 亿美元；

针对制造公司的交易略有上升，增幅为 5%，增长至 2390 亿美元。在初级部门，并购价值保持在 280 亿美元的较低水平，延续了 10 年的下降趋势。其次，已宣布的绿地投资项目价值增长 15%，增长至 6590 亿美元，但跨国公司在海外投资实际生产性资产的需求仍然疲软。制造业的项目数量增长 8%，在 2020 年下降超过 1/3 后，这一增长只是一个初步复苏，使得制造业项目数据比过去 10 年的平均水平低了约 1/4。最后，2021 年的国际项目融资活动十分频繁，项目数量达到 2115 个，比 2020 年增长 68%，几乎是过去 10 年增长率平均水平的 3 倍，国际项目融资交易的价值首次超过 1 万亿美元。作为国际项目融资增长的主要引擎，可再生资源项目占据年度项目数量的一半以上，增幅达到 49%①。

一、绿地投资流向②

截至 2021 年，新公布的绿地投资项目价值增加 15%，达到 6590 亿美元（见表 1-3）。但流向发展中国家的绿地投资仍然与 2020 年的历史低点持平。出于对供应链稳定的担忧，大型跨国公司对于在发展中国家的新项目投资仍存在不确定性。疲软的绿地投资预计会对发展中国家的经济发展造成负面影响。

表 1-3 2020~2021 年全球已公布的绿地项目投资额及数量增长情况

产业	金额（十亿美元）		增长率（%）	数量（个）		增长率（%）
	2020 年	2021 年		2020 年	2021 年	
合计①	575	659	15	13248	14710	11
初级产业	11	13	18	100	98	−2
制造业	240	297	24	5258	5688	8
服务业	323	350	8	7890	8924	13
按金额计算排名前十的行业						
电子和电气设备	47	120	155	882	1028	17
信息和通信	85	104	22	2962	3743	26
电力和燃气供应	103	90	−13	546	484	−11
建筑	33	49	48	320	329	3

①② UNCTAD. World Investment Report 2022 ［R］. New York：United Nations Publications，2022.

续表

产业	金额（十亿美元）		增长率（%）	数量（个）		增长率（%）
	2020 年	2021 年		2020 年	2021 年	
汽车	33	34	3	571	692	21
物流	27	33	22	639	737	15
化工	40	28	-30	452	445	-2
贸易	23	24	4	580	638	10
食品、饮料和烟草	18	19	9	432	431	0
制药	15	19	27	360	378	5

注：①合计数与各分项相加的结果略有出入，可能是四舍五入导致的结果。

分行业来看，针对采掘业等基础工业部门的绿地投资占比仍然偏低。历年基础工业部门的投资占总体绿地项目比例较高，但 2021 年公布的绿地项目总值为 130 亿美元，仅占当年绿地投资总额的 2% 左右。造成这一现象的主要原因是国际农业投资的持续低迷，投资的主要形式也从单独投资项目转变成多个公司参与的国际投资项目。

总体来看，针对制造业的绿地投资数量仍呈现低迷态势。2020 年，制造业相关的投资大幅下降超过 1/3 以后，在项目数量上，2021 年仅增长 8%，相当于过去 10 年平均水平的 75% 左右。2021 年表现较好的行业中，如电子和汽车，虽然这些行业在 2020 年遭到了沉重的打击，但在次年迅速回暖，特别是电子和电气设备达到了 1200 亿美元。最具代表性的是电子产业，网上购物、线上教育、视频点播以及电子游戏等行业迅速崛起，带来了大量的电子芯片需求，这导致 2021 年针对电子元件的绿地投资大幅度增加。其中，最大的两笔交易发生在德国和美国：一是英特尔公司计划投资 190 亿美元在德国兴建一座芯片工厂；二是三星计划在美国投资 170 亿美元兴建新的芯片工厂。

针对服务业的绿地项目在数量上有所上升。截至 2021 年，服务业相关的绿地项目占总数的 61%，达到了有记录以来的最高水平。全球对数字基础设施和服务的需求迅速增长，导致通信技术行业的绿地项目数量大幅增加，总体投资额上升 22%，达到 1040 亿美元，项目数量增加 26%，达到创纪录的 3743 个。亚马逊以 200 亿美元的投资额脱颖而出，成为 2021 年最活跃的外国投资者。

二、国际项目融资流向①

整体来看，相对于 2020 年的低迷，2021 年的国际项目融资快速复苏，项目数量同比 2020 年增长 68%，是 2011~2020 年平均水平的 3 倍，达到 2115 个，而总金额也历史性地突破了 1 万亿美元（见表 1-4）。

表 1-4　2020~2021 年已公布的国际项目融资交易金额及数量增长情况

产业	金额（十亿美元）		增长率（%）	数量（个）		增长率（%）
	2020 年	2021 年		2020 年	2021 年	
合计①	484	1188	145	1262	2115	68
按项目数量排名前十的行业						
可再生能源	198	502	154	802	1193	49
工业地产	52	135	160	52	152	192
住宅/商业地产	13	30	131	45	143	218
采矿	21	39	86	65	109	68
能源	30	116	287	55	109	98
石油和天然气	60	139	132	71	102	44
电信	42	61	45	52	92	77
交通基础设施	41	49	20	52	90	73
化工	19	90	374	25	59	136
供水和污水处理	3	9	200	21	18	-14

注：①合计数与各分项相加的结果略有出入，可能是四舍五入导致的结果。

分地区来看，国际项目融资的主要渠道来自于各国国内，主要原因是特殊时期影响下，各国政府货币政策多走向宽松，一定程度上降低了各国的融资成本，使得企业更偏向于国内融资方案。随着世界对清洁能源的关注，可再生能源的投资一直是项目融资的主要方向，大概占到每年新增项目数量的一半以上。2021年更是如此，针对可再生能源的投资项目数量同比增长 49%。

国际项目融资的另外一个趋势是单个项目金额持续增长。例如，世界上最大

① UNCTAD. World Investment Report 2022 ［R］. New York：United Nations Publications，2022.

的可再生能源中心——西部绿色能源中心耗资高达 1000 亿澳元，全面运营后可生产高达 50 千兆瓦的风能和太阳能。

近年来，针对工业地产的国际项目融资呈现持续增长态势。2021 年，工业地产方面的国际项目融资数量增加了 192%，达到了 152 个，总值 1350 亿美元。其中，较有代表性的是在印度和越南的两个项目，一是在印度投资 140 亿美元兴建钢铁和水泥制造厂，二是在越南投资 100 亿美元建造占地 960 公顷的制药园。而商业地产的交易数量也增长了 2 倍，达到 143 宗，其中增幅最大的是发达国家，此类项目的数量从 16 个增加到 78 个。

2021 年，油气行业的投资金额也在逐步增长，总金额增长 132%，项目数量增长 44%。其中，亚洲是投资额增幅最大的地区，已经公布的投资总额达到了 620 亿美元，总金额最大的项目计划在伊拉克建设一条长达 1700 公里的石油管道，总投资 180 亿美元。

线上需求推动了基础通信相关投资持续上升，总融资额达到了 610 亿美元，项目数量达到了 92 个。其中，46 个项目来自于欧洲，但亚洲发展中国家数量增幅较大，从 7 个增加到 18 个，增幅达 1 倍以上。较大的项目有美国铁塔公司从西班牙电信在阿根廷、巴西、智利、德国、秘鲁和西班牙的电信塔，以及我国联手菲律宾第三大电信运营商投资 54 亿美元在菲律宾建造 10000 个电信塔。

在化工领域，国际项目融资总额也达到创纪录的 900 亿美元。几个超级项目促成了此项纪录，例如，阿曼斥资 300 亿美元建造了一座大型石化工厂，建成后每年可生产 180 万吨氢气。

三、跨境并购流向①

整体来看，2021 年跨境并购总额同比增长 53%，达到了 7280 亿美元（见表 1-5）。针对服务业的跨境并购总额增长显著，2021 年同比增长翻了 1 倍，达到 4610 亿美元，是有记录以来的极高水平。而针对制造业的跨境并购相对平稳，同比增长 5% 左右，达到 2390 亿美元。在初级产业上，跨境并购仍呈现持续下降趋势，仅有 280 亿美元。

---

① UNCTAD. World Investment Report 2022［R］. New York：United Nations Publications，2022.

表1-5 2020～2021年已公布的跨境并购总额及数量增长情况

产业	金额（十亿美元）		增长率（%）	数量（个）		增长率（%）
	2020年	2021年		2020年	2021年	
合计①	475	728	53	6201	8846	43
初级产业	25	28	12	658	639	−3
制造业	228	239	5	1136	1674	47
服务业	221	461	109	4407	6533	48
按金额计算排名前十的行业						
信息和通信	80	136	70	1248	2114	69
医药	56	73	30	211	223	6
金融保险	28	72	157	562	733	30
贸易	18	63	250	495	663	34
物流	7	53	657	224	324	45
汽车	17	42	147	41	81	98
专业服务	11	41	272	447	689	54
电子和电气设备	40	38	−5	165	311	88
地产	22	35	59	327	420	28
行政和支持服务	6	28	367	206	303	47

注：①合计数与各分项相加的结果略有出入，可能是四舍五入导致的结果。

信息和通信以及制药行业仍位居榜首。进入21世纪以来，信息和通信一直是并购交易最为活跃的行业。2021年，数字产业的资产并购额达到1360亿美元，同比增长69%，是有记录以来的最高水平。其中，最大的一笔交易是Altimeter Growth Gorp（美国）与Grab（新加坡）之间的并购交易。

经过2020年的短暂下降后，医药行业的并购交易额在2021年增至730亿美元，同比增加30%，并购数量也增加了6%，达到了223笔的历史最高纪录。其中最大的一笔交易是英国制药巨头阿斯利康（Astra Zeneca）收购美国药企亚力兄制药（Alexion Pharmaceuticals），金额达到390亿美元。

在发达国家，跨境并购是外商直接投资的主要形式。2021年，针对北美的跨境并购大幅度增长，推动了整体跨境并购额增长至6150亿美元，同比增长58%。

2021 年，物流行业增长显著，跨境并购额同比增长 657%，达到了创纪录的 530 亿美元。其中，最主要的一笔交易是加拿大太平洋铁路公司（Canadian Pacific Railway）收购美国堪萨斯城南方铁路公司（Kansas City Southern），总交易额达到了 310 亿美元。

第三节　东道国政策

自 2008 年全球金融危机以来，驱动全球产业链开放的因素不断弱化，抑制全球产业链开放的因素却逐步强化。"有条件保护论"就是抑制全球产业链开放的重要理论依据之一。根据该理论，全球化并不总是提高发达国家的福利。一旦后发国家通过技术学习和赶超，以更快的速度提高生产率，全球产业链分工就会损害本国的福利。按照这一逻辑，发达国家必须加速新技术和新产品的开发，以确保自身的生产率优势，同时还要尽可能地抑制后发国家的技术赶超。

各国政策调整对于国际生产活动的长期影响将主要体现在三个方面：一是国际生产的组织形式发生变化。具体表现为：供应链弹性提升；战略性产业向本土转移；一般工业制造能力的更广泛分布；通过供应链传播流行病和全球金融危机的可能性下降。二是全球产业链的萎缩和全球化的倒退。以 GVC 密集型产业为核心的国际部门是引领经济复苏的核心力量。但供应冲击、需求低迷，叠加各国下意识的经济内向化政策，使全球产业链遭受重创。突然或被迫撤资是全球化倒退的标志，也使得全球经济复苏变得前景渺茫。三是发达国家对于战略性产业的外资流入实行更严格准入政策的趋势增强，同时发展中国家吸引外商直接投资流入的竞争将更加激烈。在一些涉及国家经济、技术安全的关键商品和战略性行业，发达国家对于外资并购本土企业的活动将更加警惕，相关领域的跨境生产性投资趋于减少。同时，在构建新的区域价值链、开展小型的分布式制造活动，以及推动供应链多元化的过程中，也有一些发展中国家面临着新的机会。而这些新进入者能否获得全球产业链的"入场券"，还取决于当地的数字化基础设施、制造基地和生产性服务业的发展水平。

总体上，近几年，发达国家扩大了对战略公司的保护，持续强化投资监管；相反，发展中国家继续采取放宽、促进或便利投资的政策措施。

联合国贸易和发展组织（UNCTAD）发布的《世界投资报告 2022》数据显示，2021 年，各国强化投资监管的趋势仍在继续，尤以发达国家为最。2021 年，全球各国采取的有利于投资的政策措施共 55 项，但其中有 48 项（占比 87.3%）是由发展中国家采取的，突出表明吸引外资仍是发展中国家经济复苏战略的一个关键因素。而发达国家对外资审查日趋加严，不利于投资的政策措施多由发达国家采取，其中 2/3 的不利措施涉及引入或收紧外资安全审查法规。

一、发达国家政策①

近些年，受到逆全球化趋势的影响，国际经济表现略有疲态。针对外商直接投资的审查亦有加强的趋势，多个国家采用了新的外商直接投资审查机制，还有一些国家收紧了现有审查机制。

发达国家新通过的外资审查机制多以国家安全为由收紧了投资限制。2021 年，捷克、丹麦、斯洛伐克和沙特阿拉伯采取了新的外商投资限制手段，致使以国家安全为理由进行外商直接投资审查的国家数量达到了 36 个，还有 8 个国家收紧了现有审查制度。2021 年对外商直接投资流入进行审查的国家占到当年总流量的 63%，相比 2020 年的 52% 有大幅度上升。

具体而言，2020 年，美国总统特朗普发布了加强对外商投资审查的行政命令，大幅度提高了对外资的投资限制。2021 年，美国政府又将部分禁令延长一年至 2022 年 11 月 12 日，并扩大了禁令的覆盖范围。2022 年 9 月，拜登再次签署行政令，要求加强对外国投资的国家安全风险实行审查。

澳大利亚修订了相关法规，直接取消了之前设置的对有关国家安全的资金审查门槛，改为只要涉及澳大利亚的国家安全，任何外国资金收购其企业或土地都将受到严格审查。

作为欧盟成员国，根据欧盟的指导意见，捷克引入了新的外商投资审查机制，要求外国投资者获得本国内任意一家公司控制权之前，必须经过本国政府

---

① UNCTAD. World Investment Report 2022［R］. New York：United Nations Publications，2022.

许可。

加拿大降低了触发外资审查的门槛，强化了对 4 个高风险领域的外资安审：敏感个人数据、特定敏感技术、关键矿产、国有或受国家影响的外国投资者的投资。

法国继续沿用疫情期间的外资审查机制临时制度，即将外资审查触发门槛由外资占比 25% 降至 10%。

意大利通过修订相关法律，将影响国防和国家安全资产的所有权、控制权等添加到需要事先申报的领域，同时扩大了被视为对国家安全具有战略意义的工业部门的数量，特别是与 5G 和云服务部门有关的工业部门。

德国修改了《对外贸易和支付条例》，引入并不断扩大外资审查机制所涵盖的敏感行业和技术清单，包括人工智能、自动驾驶汽车、专用机器人、半导体、增材制造和量子技术等，并根据行业更改了触发对不同类型收购进行投资审查的门槛。

日本修改了《外汇与外贸法》，将包括稀土在内的关键矿产，以及某些港口设施的维护和改善相关的业务部门列入外资审查行业清单中。

英国在其新生效的《国家安全和投资法》中引入了独立的外资审查制度，明确了需要强制申报的 17 个敏感领域，涵盖能源、先进材料、人工智能、通信、民用核技术、密码认证、数据基础设施、国防、军民两用技术、量子技术、卫星和空间技术、应急服务供应商、运输等。

美国联邦通信委员会（FCC）连续发布公告，要求强化对寻求参与美国电信市场的外资持股申请人的跨机构审查程序等。2022 年 6 月 13 日，美国参议员在众议院版本的美国竞争法案（H. R. 4521）会议上发表了一份关于设立对外投资机制新提案的联合声明，推出了一项或将加大美国企业海外投资审查力度的立法提案，以保护美国的技术并重建关键供应链。

欧洲联盟委员会扩大了"欧盟利益"的项目和方案清单，将与空间方案、数字欧洲方案、欧洲防务基金有关的投资包括在内。因此，如果欧盟委员会认为某项投资对一个以上成员国或整个联盟的安全和公共秩序构成威胁，委员会可以发表相关意见。

二、发展中国家政策

在发展中国家，尤其是处于发展初期的国家，传统的出口导向型工业化战略将面临严峻的转型压力。数字化技术正迅速改变着国际生产模式。低成本劳动力因素变得不那么重要，数字化基础设施、生产性服务配套、高素质劳动者和低成本能源等竞争优势受到越来越多的青睐，这就要求发展中国家将经济特区建设的重心从投资于大型工业设施转向为小型分布式制造服务的精益基础设施。

与发达国家相反，近年来，许多发展中国家通过精简行政程序、实施或完善投资激励机制等方式大力吸引外资。发展中国家实施了各种促进和便利化投资政策措施，包括新的投资便利化措施、新的投资激励措施及促进外商直接投资的其他法律和体制改革等。而在涉及对各个行业的部分或全部投资自由化政策措施中，亚洲发展中国家对外商直接投资的限制较少。

越南批准了《2021~2030 年外国投资合作战略》，目的是增加来自亚洲、欧洲和美国的外国投资资本份额。该战略提出了九项具体政策：有效实施已发布的政策；改善营商投资环境，提高经济质量、效益和竞争力；发展科技创新生态系统；创新和强化吸引外资的竞争力；发展配套产业，促进联动传播；提升内生动力，发挥竞争优势，提高对外投资合作效率；提高国际经济一体化的效率和越南在国际舞台上的地位；使投资促进（政策）现代化和多样化；提高国家对外投资管理的有效性。

柬埔寨通过了新版《柬埔寨王国投资法》，为本国内外国投资创建一个开放和透明的法律框架，进而刺激柬埔寨经济发展。该法通过简化注册程序、加强投资者保障和鼓励对战略部门等领域的投资来推进上述目标。尤其值得关注的是，柬埔寨将大力推动对 19 个行业的投资：涉及创新或研发的高新技术产业；具有高附加值的创新产业或竞争激烈的新兴产业；供应区域和全球生产链的行业；支持农业、旅游业、制造业、区域和全球生产链和供应链的产业；电子电气行业；备件、组装、安装行业；机械行业；服务于国内市场或出口市场的农业、农产品加工业、食品加工业；重点行业中小企业、产业园区、科技创新园区；旅游及与旅游有关的活动；经济特区；数字产业；教育、职业培训、产品推广；健康；物理基础设施；后勤（服务）；环境管理与保护、生物多样性保护、循环经济；有助于适应和减缓气候变化的绿色能源和技术；柬埔寨政府认为的具有社会经济发展潜力的其他行业和投资活动。

菲律宾修订了《外国投资法》，国外投资者首次被允许在菲律宾设立并完全拥有菲律宾国内企业（包括小微企业）。此外，菲律宾国会批准了《公共服务法》的一系列修正案，拟取消对电信、航空公司、铁路、国内航运等公共服务领域的外国投资限制。

泰国内阁批准对泰国初创企业投资的企业所得税（CIT）实施豁免，无论是直接或间接通过个人、公司进行的投资，还是通过企业风险投资（CVC）进行的投资。同时，泰国政府指定了享受税收豁免的初创公司所在的 12 个经营领域，包括航空和物流、生物燃料和生物化学品、机器人、数字经济、医疗中心、智能电子、医疗保健旅游、农业和生物技术、国防和教育、人力资源开发等。

第二章
我国主要贸易伙伴对外投资战略

第一节 美国的对外投资战略

作为超级大国，美国在冷战后的国际舞台上发挥着重要的作用。世界形势的变化给美国带来一系列新的挑战[①]。为应对这些变化，美国各届政府均出台了相应的政策来应对。冷战结束后的，美国总统老布什提出要建立"世界新秩序"，并制定了新的"超越遏制"战略。随后，克林顿总统以经济、实力和民主为核心提出了"接触扩展"战略。小布什政府提出"新帝国"战略，内容以先发制人和单边主义为主，同时小布什政府接连宣布退出《京都议定书》和《反导条约》。在全球金融危机的冲击下，奥巴马政府再次调整了美国的全球合作策略，在全球层面开始战略收缩。2016 年，特朗普政府上台后，美国全球战略出现重大转向，将国家安全和经济利益放至首位，确立了美国优先的战略目标，着力构建以实力为基础的地区秩序。2021 年，拜登政府上台后，其全球合作策略进行了一定的转向。

美国的投资政策属于其国家战略，在经贸合作上，美国政府推行投资贸易保

[①] Brooks S G, Wohlforth W C, America Abroad: The United States' Global Role in the 21st Century [M]. Oxford: Oxford University Press, 2016.

护主义，通过限制投资、关税和贸易协定确保美国经济利益。总体来看，美国的国家战略仍沿袭了冷战时的框架，如美国主导的国际制度，联盟体制等，但均做出了相应的调整，如美国推动北约东扩；调整其与日本、韩国以及其他亚洲伙伴的安全关系；从建立北美自贸区、推动关税及贸易总协定（GATT）转变为世界贸易组织（WTO），退出跨太平洋伙伴关系协定（TPP）的转变等①。

一、美国对外投资政策的背景

了解美国的对外投资战略必须先深入分析美国国家利益所在。美国对国家利益的界定较为具体，其拥有专门负责研究国家利益的委员会。1992 年，贝尔福科学与国际事务中心、尼克松中心和兰德公司发起成立了美国国家利益委员会，并于 1996 年和 2000 年出台了两份《美国国家利益报告》。依据这两份报告，美国的核心国家利益涵盖五项，其中与经贸相关的有两项：一是确保美国盟国的生存，确保盟国和美国积极合作，共同塑造对彼此有利的国际体系；二是确保主要全球体系，包括贸易、金融市场、能源供应和环境的可持续性及稳定性。②

美国历届政府的经贸政策具有连贯性，促进经济发展一向是美国的核心利益之一。2008 年的金融危机使美国经济陷入困境，在这样的形势下，美国政府开始重新思考其国家利益的内涵。奥巴马政府希望建立一个"促进相互利益、保护所有人利益的公正国际体系和基于共享的国际规范的可持续的国际体系"。③ 与小布什政府相比，奥巴马政府的经贸政策关注理性与务实，强调相互尊重，通过对话与合作促进经济发展。特朗普政府上台之后，其对国家利益的认知和排序出现了重大转变，显示出了与奥巴马政府不一样的战略思维。特朗普强调了美国的利益优先，认为美国在现有的国际秩序中收益较少，甚至美国在现有框架中责任与权力不对等，其国家利益是受损的，基于这种态度，特朗普在上台之初就宣布

① Brooks S G, Wohlforth W C. America Abroad: The United States' Global Role in the 21st Century [M]. Oxford: Oxford University Press, 2016.

② America's National Interests: A Report from The Commission on America's National Interests, http://www.belfercenter.org/sites/default/files/legacy/files/americas_interests, 2000-07.

③ Daggett S. Quadrennial Defense Review Report 2010: Overview and Implications for National Security Planning. A Report for Congress by CRS (Congressional Research Service) [EB/OL]. http://www.fas.org/sgp/crs/natsec/R41250, 2010-03-17.

退出《巴黎协定》和"跨太平洋伙伴关系协定"（TPP）。特朗普政府提交的2018年度联邦预算更是确认了其态度，预算中事关国家安全和经济增长的方面均得到了提高，相对应的国际合作、环境保护和对外援助均有所降低。2021年拜登政府上台后，与全球主要经济体的互动日益增多。

美国为什么会出现这样的政策转变，原因主要有两点：一是近20年里，美国从全球贸易所获得的绝对收益虽然也在增加，但是以中国为代表的新兴市场国家获得的收益已经明显高于美国。由表2-1可以看出，进入21世纪以来，美国的进出口贸易总额在逐步增加，2000~2021年增长了2.648万亿美元，但总体来看其在全球贸易中的比重在逐步下降。2000年，美国的贸易总额全球占比为15.57%，截至2005年已经下降至12.38%，2010年进一步下降至10.57%，之后缓慢回升，到2015年为11.47%，但随后又下降至2021年的10.44%。

表2-1　美国货物贸易总额及全球占比　　　单位：万亿美元,%

年份	贸易总额	占比	出口额	占比	进口额	占比
2000	2.041	15.57	0.782	12.12	1.259	18.92
2005	2.634	12.38	0.901	8.58	1.733	16.08
2010	3.247	10.57	1.278	8.35	1.969	12.77
2015	3.817	11.47	1.502	9.07	2.315	13.83
2021	4.689	10.44	1.754	7.86	2.935	12.99

资料来源：联合国贸易与发展会议数据库。

与此相对，新兴市场国家的贸易占比则迅速提升。从表2-2可以看出，我国的进出口总额在2000年只有0.474万亿美元，全球占比为3.62%，远低于美国同期的15.57%。但经过十余年高速增长之后，截至2021年，中国的进出口总额已经超过美国。特别是出口额，在2000年时中国只有0.249万亿美元，占比3.86%，但2015年已经达到2.273万亿美元，占比13.73%。近期，我国的货物贸易总额在以前的高基数上又实现了大幅度增长，2020年和2021年连破5万亿和6万亿两个关口，2021年为6.051万亿美元，2021年占全球货物贸易总额的13.47%，大幅优于美国，其中出口达3.363万亿美元，占全球出口的15.06%。以上数字表明，中国在全球化进程中获得了巨大的收益。

表2-2　中国货物贸易总额及全球占比　　　单位：万亿美元,%

年份	贸易总额	占比	出口额	占比	进口额	占比
2000	0.474	3.62	0.249	3.86	0.225	3.38
2005	1.422	6.68	0.762	7.26	0.660	6.12
2010	2.974	9.68	1.578	10.31	1.396	9.05
2015	3.952	11.87	2.273	13.73	1.679	10.03
2021	6.051	13.47	3.363	15.06	2.688	11.90

资料来源：联合国贸易与发展会议数据库。

外商直接投资（FDI）也反映了一些新兴国家在相对收益上远高于美国。外商直接投资是推动地区和国家经济发展的主要动力之一，美国在科技能力、基础设施、金融市场及营商环境等方面均占有优势，吸引了大量的外商直接投资美国。从表2-3可以看出，2000年，美国的外商直接投资流入为3140亿美元，全球占比高达23.11%，远高于金砖国家的806亿美元。2010年，流入美国的外商直接投资下降到了1980亿美元，占比下降至14.26%，金砖国家创纪录地流入2612亿美元，占比高达18.81%。2015年，美国的外商直接投资流入有所回升，达到3799亿美元，但占比始终没有超过2000年，而金砖国家的外商直接投资略有下降至2561亿美元，占比下降至14.53%，不过相对于2000年仍旧有3倍左右的增幅，增加额达到了1755亿美元。2021年，美国的外商直接投资流入为3673亿美元，但金砖国家的外商直接投资流入量已经大幅度增长至3551亿美元，占全球外商直接投资比重达22.44%，与美国所差无几。所以在外商直接投资方面，相对于金砖国家，美国的相对收益也在下降。

表2-3　美国与金砖国家FDI流入量及占比　　　单位：亿美元,%

年份	美国		金砖国家	
	FDI流入量	占比	FDI流入量	占比
2000	3140	23.11	806	5.93
2005	1048	11.03	1161	12.22
2010	1980	14.26	2612	18.81
2015	3799	21.56	2561	14.53
2021	3673	23.21	3551	22.44

资料来源：联合国贸易与发展会议数据库。

由以上分析可以看出，进入 21 世纪以来，美国在全球化中获得的相对收益总体在减少，而以中国为代表的金砖国家相对收益则总体增长。在这样的背景下，美国开始反思现有经贸政策，表现出了一定程度的逆全球化倾向①。

二、美国对外投资合作趋势

"二战"后，在布雷顿森林体系的影响下，美国成为世界上主要的对外投资来源地。但投资目的地、投资结构、投资方式随着时间推移均有显著变化。

对外直接投资目的地变化较大。"二战"以后，美国的对外直接投资先是以英法等发达国家为主，对英法等欧洲国家的投资占据了主要地位，大概占到其总投资的 70%，针对日本的投资比例一般较低，特别是进入 21 世纪以来，比例逐渐下降到 5% 以内②。但进入 20 世纪最后一个十年以后，美国对外直接投资开始逐渐关注发展中国家。2003 年，美国对发展中国家的对外直接投资已经达到了 1990 年的 3 倍，累计金额达到 369 亿美元。这些对发展中国家的投资主要集中在拉美国家，其所占投资总额有显著提高，此外，亚太国家和非洲国家的美国外商直接投资也有小幅度上升。

投资结构转向以制造业和服务业为主。美国对服务业的对外直接投资数量变化较大，"二战"以后，美国对外直接投资以制造业为主，服务业仅占不到 10% 的比重，但随着世界服务业总产值的迅速攀升，到 1989 年已经达到了 38.4%③，进入 21 世纪以后，甚至超越制造业成为美国对外直接投资最大的产业。在具体的细分行业中，美国倾向于投资房地产、金融和保险，这主要是因为 20 世纪 80 年代以来这些行业的持续繁荣，21 世纪以后，美国对这些朝阳行业的投资甚至超过了整个制造业。美国在制造业上的对外直接投资呈稳步上升状态，1950 年制造业仅占其对外直接投资中的 32.5%，随后该数字不断增大，截至 21 世纪常年维持在 42% 左右的水平。

跨国并购成为对外直接投资的主要方式。跨国并购是美国对外直接投资的主要手段之一，特别是 20 世纪 90 年代以后，美国公司的跨国并购案例呈现爆发式

---

① 韩召颖，姜潭. 全球化背景下美国对外战略的转向 [J]. 现代国际关系，2017 (4)：15-22.
②③ 张晓兰. 美国对外直接投资的阶段性特征及其对中国的启示 [EB/OL]. [2017－03－24]. http：//www.sic.gov.cn/News/456/7801.htm.

增长，进入21世纪以来，跨境并购已经成为了美国对外直接投资的主要方式。但这些并购案例主要发生在发达国家，针对发展中国家的对外直接投资仍以新建投资为主。在投资手段方面，利润再投资成为美国跨国公司对外直接投资的主要手段，20世纪90年代以后，美国多数年份的对外直接投资构成一半以上是利润再投资。

美国政府十分重视提供对外投资的法律保障。美国政府制定了《经济合作法》《对外援助法》《共同安全法》等有关境外投资的法律法规，扩大对海外投资的保护和支持。一是制定海外投资保障制度，用来奖励、促进和保护私人海外投资的安全与利益。二是设立了海外私人投资公司，主要承担大部分国际开发署的对外投资活动业务，现已成为主管美国私人海外投资保险的专门机构。三是提供海外投资的税收优惠，包括所得税方面的优惠，主要是税收减免、税收抵免、税收延付、税款亏损结算和亏损退回等，以及关税方面的优惠，主要是通过实施增值税实现。此外，为鼓励本国企业向全世界投资，美国政府还积极与外国政府磋商谈判，签订双边或多边投资协定，以扩大对外直接投资规模。

美国政府也对跨国公司对外直接投资提供一定的资金支持。美国跨国公司进行海外扩张的主要资金来源是自有资金和金融市场拆借，但海外私人投资公司和美国进出口银行等政府机构提供的低息资本也发挥了巨大的作用。美国海外私人投资公司（OPIC）设立的目的是鼓励本国跨国公司积极到发展中国家投资，主要通过一些优惠性的融资产品推动美国企业向欠发达地区投资，包括但不限于以政府信用为担保的长期保险，以及项目融资等类似优惠产品。进出口银行设立的目的是协助美国企业开拓海外市场，为美国的对外直接投资项目购买美国货物、雇佣美国人员提供优惠信贷。

美国政府为对外直接投资提供了显著的税收优惠。美国政府运用税收政策影响对外直接投资的历史有一个世纪以上，特别是"二战"以后，其综合运用多种税收工具引导企业对外投资。这些政策工具大致可以分为两类：一是关税优惠政策，比如，美国政府规定，针对办公用品、机械制造、飞机制造等部分制造业商品，本国企业可以在海外加工制造，运回国内时可直接按照产品增加值征税；二是所得税优惠政策，包括分类的综合限额税收抵免、延迟纳税和经营性亏损结转等。

美国政府为对外直接投资提供了较为完善的信息服务。为了促进美国企业对外投资，为美国的企业和个人在对外投资上提供有效的信息服务，美国政府创建了全国性的对外投资咨询中心。提供的信息主要可分为三大类：一是提供法律服务。因为各国法律体系的不同，企业在对外投资时往往面对未知法律风险，美国政府为企业提供了一些基本的诸如法律咨询、东道国法律要求和融资咨询等信息。二是提供专业的决策分析建议。相对而言，美国投资者更熟悉其国内情况，对东道国的情况处于一知半解甚至半空白状态。美国政府组建了专业的分析机构，协助这些企业进行相应的投资决策。三是提供完善的信息咨询服务，美国政府构建了完善的东道国数据库，涵盖东道国的主要经济状况、人口状况、社会状况等诸多信息。

第二节　欧盟的对外投资战略

一、欧盟对外投资政策的背景

欧洲联盟，简称欧盟（EU），是一个发展成熟的统一大市场，其整体实力在世界经济中占有重要地位，贸易额占世界贸易总额的30%以上，是世界上最大的经济一体化集团。

欧盟一直以来都是全球对外直接投资规模最大的经济体之一，也是全球引进外商直接投资规模最大的经济体之一。据联合国贸易和发展会议（UNCTAD）统计，1988~2012年，欧盟对外直接投资占全球对外直接投资总额的比重基本上都在40%以上，有些年份甚至超过了60%[①]，但是受欧债危机的影响，欧盟对外直接投资额从2012年不断下降，但其依然是全球对外直接投资的重要来源地，比重份额依然很大，且近期有回升的趋势。

中国和欧盟国家的面积加在一起占世界的1/10，人口加起来占世界的1/4，

---

① 美国商务部国际贸易局。

经济总量占 1/3。中欧加强合作不仅有助于双方经济互补、发挥各自比较优势、提升民众生活水平，也将为世界经济发展增添新动能，而经贸合作是中欧关系的"压舱石""推进器"。

我国改革开放以后，随着经济实力的快速提升，欧盟及其成员国也逐渐开始关注与我国的经贸关系。1995 年，欧盟出台了《中国—欧盟关系长期政策》，标志着欧盟与我国关系进入了一个新阶段，此后我国在经济、社会、科研等领域与欧盟展开了全方位合作。1996 年，欧盟又推出了《欧盟对华合作新战略》，指出我国是欧盟的重要贸易伙伴，双方将持续进行经贸合作，并公布了具体的政策条款。在友好的双边互动中，1998 年欧盟决定给予我国市场经济地位，并通过了《与中国建立全面伙伴关系》的政策文件，将与我国的经贸关系与美日同级。进入 21 世纪以后，欧盟又陆续在 2001 年、2002 年和 2006 年出台重要文件，将中欧经贸关系推进了"快车道"。我国也十分重视与欧盟的经贸合作，2003 年，我国出台了首份《中国对欧盟政策文件》，反映了我国对与欧盟关系的积极态度。在政策暖风下，欧盟已经超过美国和日本，连续 10 多年成为我国第一大贸易伙伴和进口来源地，特别是近年来我国与欧盟的贸易总额年年上升，2021 年突破了 8000 亿美元大关，平均每分钟贸易往来就超过 100 万美元（见图 2-1）。欧盟对我国的直接投资也呈逐年增长趋势，2022 年 1~8 月同比增长达 123.7%[①]。而从中国与欧盟的总体贸易结构来看，双方互补性较强。我国主要向欧盟出口各种工业制品，如五金工具、机电产品、机械部件及玩具、服装、箱包等轻工业制品；欧盟主要向我国出口技术密集型产品，如成套机械、飞机、汽车等。

2008 年金融危机之后，欧盟的对外经济政策出现了一定的内向化趋势。近年来，约有一半的欧盟成员国启用了对外国投资的审查机制，但在成员国之间缺乏统一的政策框架，导致出现了一些问题。在这样的背景下，欧盟直到 2019 年 3 月才通过了统一的《外国直接投资条例》，要求 27 个成员国均按照政策对外国投资进行审查。欧盟并未建立类似于美国外国投资委员会这样的独立机构来审查外国投资，而是为其成员国设立了一个最低审查标准，在欧盟委员会和成员国之间建立了一个信息共享渠道，并建立了一个正式的协调机制，为欧盟委员会和各成

---

① 《中国外资统计公报》。

（十亿美元）

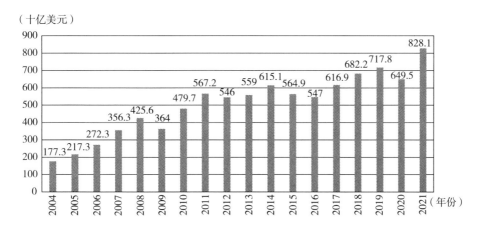

图 2-1　2004~2021 年中国与欧盟贸易总额

资料来源：根据历年《中国外资统计公报》整理。

员国提供有关外国投资审查的政策反馈。

二、欧盟对外投资合作趋势

过去多年来，全球产业链一直处于深刻演变过程。新工业革命、经济民族主义抬头和可持续发展的需要是驱动全球产业链发生重大变革的三大趋势性影响因素。经济、技术和政策环境的影响使未来十年全球产业链处于转型的关键时期。短链化、区域化、增加值地理分布趋于集中，价值链治理模式的演变正在成为重要的发展趋势。

在多种因素影响下，欧盟逐渐收紧了流入的外商直接投资审查政策，但其流出的外商直接投资却呈逐年加大的趋势。截至 2022 年 9 月，欧盟成员国中仅有 2 个国家未公布其外资投资审查机制。2022 年 3 月欧盟委员会颁布了《有关外商直接投资和资本自由流动、保护欧盟战略性资产收购指南》，要求其所有成员国的审查机制都必须建立"不歧视第三国"的透明标准，保护机密信息，并授权第三方对主管当局做出的审查决定进行追索。随后，德国政府着手修改其《对外经济法》，旨在对非欧盟国家的投资实施更加严格的审核，扩大审查范围、降低审查股比门槛，以避免关键漏洞。此次修订使外资并购德国企业的难度进一步升级。此外，欧盟还要求采用这些审查制度的成员国必须在每年的 3 月 31 日前向欧盟委员会提交年度报告。这些报告必须涵盖详细说明国家筛选机制的应用，以及政策实施后产生的不良后果如何处理。该政策还要求欧盟成员国必须注意在国家层面做出的外商直接投资决定可能会对欧盟其他国家其他投资项目的影响。同时，各国政府还需提供年度报告，详细说明从其他成员国收到的关于外商直接投资的反馈汇总信息，甚至包括相关评价以及一些附属信息。该项政策实施后，52.48%的企业认为相较政策实施前，欧盟市场准入标准有一定程度的提高，仅有14.54%的企业认为欧盟准入标准降低[①]。

总体来看，欧盟国家对《有关外商直接投资和资本自由流动、保护欧盟战略性资产收购指南》反应不一。截至2022年9月，欧盟成员国立法主要围绕三大方面：一是升级筛查程序，比如，指南规定了成员国在评估外国投资对安全和公共秩序的潜在影响时可能考虑的说明性标准，涵盖关键基础设施、关键技术、关键输入的供应、访问敏感信息、媒体的自由和多元化等。二是扩大涵盖部门，比如，指南规定了成员国需要考虑外国投资者是否由外国政府拥有或控制，外国投资者已经参与影响成员国安全或公共秩序的活动，外国投资者存在违法犯罪活动的重大风险等多项因素。三是加强机制的有效性，比如，指南要求已采用审查机制的成员国充分评估可能涉及欧盟资助的项目或欧盟利益相关公司的潜在外国收购，以及欧盟关注的相关项目。

在对外投资方面，欧盟呈逐年增长趋势。以欧盟对我国的投资为例，进入21世纪以来，来自欧盟的跨国公司在我国的投资越来越多。这些投资主要集中于高端制造业，涵盖生物制药、高端消费、汽车制造等行业。从来源国来看，德国、荷兰、英国和法国对我国的投资占到了绝大部分，其他欧盟国家的投资较少。随着全球贸易争端增多，为了进一步降低不确定性因素，各跨国公司逐步将供应链稳定视为其首要关切事项，相较2020年前更注重效率，开始调整供应链布局，供应链周边化、区域化逐渐成为主流趋势，而2022年初爆发的俄乌冲突及其衍生的能源危机进一步强化了类似趋势。随着这一趋势的加剧，出于对风险的考量，投资地的欧洲企业各个分公司主要围绕所在地的主营业务和供应链展开业务，与其欧洲总部之间的联系逐渐减少。

---

① 《欧盟营商环境报告》。

在全球产业链重构趋势下，欧盟对外投资战略有如下调整趋势：一是以分散化增强产业链柔韧性。欧盟产业链多元化布局模式将有所强化。二是以本土化、短链化提升产业链自主可控性。受欧盟各国政府政策影响，部分企业可能回迁欧洲。三是以集群化布局平衡效率与安全。欧洲跨国公司可能把纵向分工安排在一个专业化的产业集群中，或采取纵向非一体化的形式，把不同的生产工序和环节交给集群内部的不同企业来完成，从而使产品内分工集中在特定的较小空间中进行。四是以区域化顺应经济板块内部的强互补性。欧洲企业在亚洲区域内构建完整价值链体系的诉求愈发强烈，全球产业链在纵向分工上趋于收缩，在横向分工上趋于区域化集聚。

分行业来看，欧盟不同行业对外投资的调整趋势将呈现不同的特征。资源型产业国际生产布局的调整趋势主要表现为区域化，劳动密集型制造业国际生产布局的调整趋势主要表现为多元化，资本密集型制造业国际生产布局的调整趋势主要表现为区域化，知识密集型制造业国际生产布局的调整趋势表现为本土化。在服务业国际生产布局调整趋势中，高附加值服务业表现为多元化，低附加值服务业则表现为本土化。

欧盟对外投资战略的调整变化将对发展中国家资本流动、贸易往来、技术交流等经贸合作活动产生深远影响。第一，一些产业撤资风险较大。这些产业部门包括欧洲各国政府鼓励回流本土的产业（生物医药、医疗卫生用品、粮食、能源、军工等紧急状态下的重要行业以及电信设备、汽车、半导体、芯片、服务器集成电路、人工智能等长供应链行业）、受其他国家优惠政策吸引的一般制造业转移、流向墨西哥等成本洼地的低端制造能力、由企业主动推行产业链再布局的产业。其中，高撤资风险的产业部门主要涉及医药制造、电气机械、交通运输设备等产业。第二，降低欧洲与发展中国家的贸易规模和改变贸易结构。欧洲产业链向本土和周边地区的迁移将对欧洲与发展中国家之间的双向加工贸易产生一定影响，主要涉及电子设备零件、化学原料、通用及专业设备、电子计算机整机、通信终端设备制造、交通运输设备和零部件制造、电气机械和器材、纺织服装产业。欧洲产业链向其他制造中心的迁移将减少发展中国家对欧美市场的最终产品出口，进而导致发展中国家对来自欧盟的产业链上游产品的进口需求下降。高端产业链回迁、技术封锁将导致高技术产品及中间品贸易萎缩，使发展中国家的产业链下游企业面临核心部件短缺风险，并通过价格效应间接冲击到该产业链条的出口供货能力和产品竞争力。第三，一些行业技术获取更为困难。在半导体芯片、电子、通信、生物医药、新能源汽车、精密仪器、专用设备、汽车发动机、飞机制造等新兴制造业领域，发展中国家企业比较依赖于上游环节企业的高端研发和核心零部件，面临的技术封锁和产业链低端锁定风险较大。

欧盟投资政策调整会对发展中国家的大部分行业带来负面影响，尽管不同行业遭受的冲击程度不同。发展中国家受负面影响较大的产业大多是对欧盟依赖度相对较高、欧盟国际生产布局朝着短链化调整的产业。资源型产业、劳动密集型制造业遭受的负面影响较小，但会对资本密集型制造业，尤其对化学原料及化学制品制造业和金属制品制造业造成一定负面冲击，知识密集型制造业将遭受较大的负面影响。在服务业，不同行业所受影响的方向差异化较为明显，受到负面影响和正面影响的行业都很多，但总体受影响程度小。

第三节　日本的对外投资战略

一、日本对外投资政策的背景

"二战"以后，随着日本经济的发展历程，日本的产业结构持续发生演变，全球价值链的参与程度不断加深。2020 年，日本经济受到沉重打击，进出口贸易严重下滑，尤其是技术密集型和资本密集型制造业受影响较大。叠加政府鼓励企业回迁政策影响，日本对外直接投资大幅下降，非制造业对外投资下降幅度更为严重。

"二战"以后，日本经济经历了复苏、快速发展、低速和停滞的发展过程。伴随这一过程，日本的产业结构不断发生演变。整体上看，日本经济由第一产业、第二产业逐步转向以第三产业为主导的产业体系。服务业 GDP 占比从 1970年的 51.19%上升至 2018 年的 69.70%，工业 GDP 占比从 1970 年的 43.67%下降到 29.1%，农业 GDP 占比从 5.14%下降到 1.20%（见表 2-4）。从各产业就业比例看，农业从 1980 年的 10.4% 降至 2020 年的 3.3%，工业从 35.3% 降至 24.2%，服务业从 54% 升至 72.5%（见表 2-5）。

表 2-4　1970~2018 年日本各产业 GDP 占比　　　　单位：%

年份	农业 GDP 占比	工业 GDP 占比	服务业 GDP 占比	年份	农业 GDP 占比	工业 GDP 占比	服务业 GDP 占比
1970	5.14	43.67	51.19	1995	1.75	33.06	65.19
1971	4.45	43.22	52.33	1996	1.77	32.88	65.35
1972	4.56	42.35	53.10	1997	1.63	32.69	65.68
1973	4.91	42.70	52.39	1998	1.71	31.84	66.45
1974	4.65	41.37	53.98	1999	1.68	31.32	67.00
1975	4.58	39.41	56.01	2000	1.59	31.06	67.35
1976	4.44	39.40	56.17	2001	1.45	29.51	69.03
1977	4.25	38.65	57.11	2002	1.47	28.67	69.86
1978	3.87	38.90	57.22	2003	1.39	28.59	70.02
1979	3.63	38.65	57.72	2004	1.33	28.56	70.11
1980	3.08	39.06	57.86	2005	1.22	28.13	70.65
1981	2.97	39.22	57.81	2006	1.18	28.11	70.71
1982	2.87	38.57	58.56	2007	1.15	28.21	70.64
1983	2.85	37.75	59.41	2008	1.15	27.54	71.32
1984	2.81	38.17	59.02	2009	1.16	26.04	72.79
1985	2.70	38.23	59.07	2010	1.18	27.54	71.28
1986	2.55	37.78	59.67	2011	1.16	26.14	72.70
1987	2.39	37.34	60.27	2012	1.21	26.03	72.76
1988	2.24	37.63	60.12	2013	1.20	26.37	72.44
1989	2.18	37.79	60.03	2014	1.17	26.86	71.97
1990	2.12	38.05	59.82	2015	1.10	29.00	69.90
1991	1.98	37.69	60.33	2016	1.10	29.00	69.90
1992	1.89	36.53	61.58	2017	1.20	29.20	69.60
1993	1.73	35.15	63.12	2018	1.20	29.10	69.70
1994	1.98	33.63	64.39				

资料来源：世界银行数据库。

表 2-5　1980~2020 年日本各产业就业比例　　　　　　　单位:%

年份	农业就业比例	工业就业比例	服务业就业比例
1980	10.4	35.3	54.0
1981	10.0	35.3	54.5
1982	9.7	34.9	55.2
1983	9.3	34.8	55.7
1984	8.9	34.8	55.9
1985	8.8	34.9	56.0
1986	8.5	34.5	56.7
1987	8.3	33.8	57.5
1988	7.9	34.1	57.5
1989	7.6	34.3	57.7
1990	7.2	34.1	58.2
1991	6.7	34.4	58.4
1992	6.4	34.6	58.5
1993	5.9	34.3	59.3
1994	5.8	34.0	59.7
1995	5.7	33.6	60.4
1996	5.5	33.3	60.8
1997	5.5	33.1	61.1
1998	5.3	32.0	62.1
1999	5.2	31.7	62.5
2000	5.1	31.2	63.1
2001	4.9	30.5	63.9
2002	4.7	29.7	64.8
2003	4.6	29.6	64.8
2004	4.5	28.9	65.5
2005	4.4	28.4	66.0
2006	4.3	28.5	66.1
2007	4.2	28.3	66.3
2008	4.2	27.8	66.8
2009	4.2	26.0	68.8
2010	4.0	25.4	69.5

续表

年份	农业就业比例	工业就业比例	服务业就业比例
2011	3.9	25.65	69.35
2012	3.8	25.9	69.2
2013	3.7	25.8	69.1
2014	3.7	25.4	70.9
2015	3.6	25.2	71.2
2016	3.4	25.2	71.4
2017	3.4	24.9	71.7
2018	3.2	24.6	72.2
2019	3.2	24.5	72.3
2020	3.3	24.2	72.5

资料来源：世界银行数据库。

进入 21 世纪以来，日本产业发展呈现以下四个明显的发展趋向：

第一，产业结构调整更加注重技术创新和国际竞争力。日本的重点发展产业包括医疗健康、航空航天、环保能源等产业，信息技术、新能源、新材料等新兴产业迅速崛起。在经济全球化、信息全球化背景下，信息技术等新兴产业的发展使日本在全球价值链中占据较高的地位。同时，日本政府制定了相关政策促进资源的重复利用和可持续发展，打造可持续发展的产业链。

第二，现代服务业高度发达。21 世纪以来，日本服务业高度发达，尤其是生产性服务业快速发展。生产性服务业主要包括交通运输业、批发业、电信业、金融业、邮电业、设备租赁业、设施维护业、信息服务业等。根据生产性服务业发展趋势概括，日本生产性服务业发展主要有三个特点：一是生产性服务业呈现规模化、集聚化。例如，东京生产性服务业高度发达，江东区和港区是信息服务业的集聚地。二是生产性服务业趋向信息化、虚拟化。信息技术的发展引领日本在生产性服务业领域发生变革，云计算技术发展和大数据时代也为生产性服务业信息化提供了动力。三是生产性服务业逐渐形成完整的产业链，可以为企业提供全方位的服务。

第三，制造业具有较强的国际竞争力。日本在先进制造业领域实力较强，其制造业可以划分两大类：一是低技术制造业，包括食品、纺织、造纸、非金属制造业等；二是中高技术制造业，包括精密机械业、电气机械、化工业和运输机械等。21 世纪以来，日本的中高技术制造业比重不断上升，低技术制造业比重下降。

第四，服务业和制造业深度融合。2011 年，日本提出"六次产业"概念，通过制造业服务化实现不同产业的融合。日本的制造业服务化和服务业制造化的现象增加，服务业和制造业实现进一步融合。例如，日本跨国公司把生产和服务外包，一些制造业为提供服务而生产等，一些服务企业凭借自身独特设计、包装、品牌等优势嵌入制造业企业，另一些服务企业建立属于自己品牌的制造工厂。

总体来看，21 世纪的日本产业以服务业为主，其中以信息化服务业为主导产业。在制造业领域，日本曾在国际上占据比较高的地位，但由于在新兴领域的落伍，日本制造业逐渐衰落，但整体上日本制造业发展较为稳定，以上趋势对日本的对外直接投资构成了直接影响。

二、日本对外投资合作趋势

（一）日本对外直接投资大幅下滑

从日本对外直接投资的发展趋势来看，日本对外直接投资整体上呈上升趋势。从增长速度来看，日本对外直接投资可以分为三个阶段。第一阶段：1983～1990 年为快速增长阶段。受日本国内经济快速增长的影响，这一阶段日本对外直接投资快速增长，年平均增长率达 38%。第二阶段：1991～2010 年为平稳发展阶段。受国内经济发展疲软、亚洲金融危机、次贷危机等因素的影响，日本对外直接投资在此期间呈波浪式发展。第三阶段：2011 年至今为深度调整阶段。受日本国内产业结构调整、制造业回流等因素的影响，在此期间，日本对外直接投资有较大的波动。同时，受多种因素影响，2020 年日本对外直接投资规模为1711.23 亿美元，与 2019 年相比下降了 33.79%（见图 2-2）。突如其来的经济下滑严重影响了企业的正常经营，尤其是服务业，进而影响了日本的对外直接投资。同时，日本政府还出台了政策，比如优惠的税收等，以促进日本海外企业将生产基地迁移回国，以增强自身的产业供给能力和主动性，最终使日本对外直接投资大幅下滑。

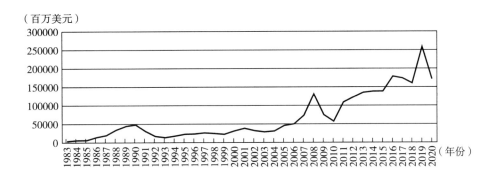

（百万美元）

图 2-2 日本对外直接投资的发展态势

资料来源：日本贸易振兴机构。

（二）对外直接投资的行业分布产生了显著变化

从行业来看，非制造业是日本对外直接投资的主要行业。食品、木材、化学与医药、机械、信息、批发与零售、金融与保险、房地产等行业是日本对外直接投资的主要行业。由 2019 年、2020 年日本对外直接投资的行业分布可知，2020年突如其来的经济下滑不仅对日本对外直接投资的整体规模产生较大的冲击，而且还对日本对外直接投资的行业分布产生了显著影响。由 2020 年各行业对外直接投资流量数据减去 2019 年各行业对外直接投资流量数据可知，日本制造业及非制造业的对外直接投资均受到一定冲击，尤其对非制造业的对外直接投资的冲击较大（见表 2-6）。细分行业中化学与医药、钢铁、一般机械、运输机械、精密机械、信息、批发与零售、金融与保险、房地产等行业受到的冲击较大。

表 2-6 2015~2020 年日本对外直接投资的行业分布 单位：百万美元

年份 行业	2015	2016	2017	2018	2019	2020	2020~2019
制造业	51027	54442	55367	57667	103881	67995	-35886
食品业	3564	3665	10143	595	5439	14796	9357
纺织业	403	1557	817	1671	652	410	-242
木材	1015	1166	399	1557	1273	2702	1429
化学与医药	8830	7849	9339	14656	41995	10022	-31973

续表

年份 \ 行业	2015	2016	2017	2018	2019	2020	2020~2019
石油	-99	61	188	613	167	296	129
橡胶与皮革	1969	3634	944	1743	1955	1533	-422
玻璃	1568	1163	1519	2018	2214	2034	-180
钢铁	2484	3976	3707	3751	3810	1500	-2310
一般机械	7962	6177	9242	7563	6477	-1609	-8086
电子机械	8497	10013	6105	9387	12750	15512	2762
运输机械	12895	12672	8443	11049	22494	18168	-4326
精密机械	875	1221	2898	1166	2813	1387	-1426
非制造业	85237	101427	109230	87359	128919	47702	-81217
农林	191	-131	-114	73	58	367	309
渔业	91	193	51	67	34	27	-7
矿业	4812	6291	1106	9626	9725	7207	-2518
建筑业	388	1718	1548	2340	1852	1630	-222
运输业	8098	2144	1188	2195	2189	1950	-239
信息业	11806	17702	23507	37860	5869	-22174	-28043
批发与零售业	13598	18725	28478	13667	58160	10642	-47518
金融与保险业	34613	8617	32915	25604	37048	34847	-2201
房地产	3716	5180	6465	3845	10871	2552	-8319
服务业	5425	37594	9039	-13195	-1938	4891	6829

注："-"（减号）表示净流入。

资料来源：日本贸易振兴机构。

与此同时，日本对其国内产业链相关政策也进行了调整和布局。一是支持在东盟国家的海外供应链多元化项目，主要支持日本企业在东盟国家引进设备、示范测试和企业化研究。截至 2021 年 6 月，日本政府已完成四次公开招标，在东南亚获得支持的日本企业主要集中在越南和泰国。二是建立增长基金。日本内阁决定采取大规模的经济刺激措施，日本国际协力银行成立并启动了增长基金，旨在实现经济结构的转型和良性循环。三是实施半导体促进战略。通过金融、税制及制度层面的全方位支援，促进厂商扩大业务和开发半导体尖端技术，减少日本对外国制造商的依赖。四是增强制造业的韧性、绿色和数字化。五是制定和实施新一代产业政策。聚焦解决新的全球性问题，如健康、人权、安全、韧性和全球变暖等，实现更广泛的公共目标，如纠正不平等、在卫生健康方面实现安全保障、在紧张的国际形势下实现经济安全，以及为大流行病和自然灾害等意外冲击做好准备等。六是构建新的贸易政策。更加强调政府作用、经济安全、业务数字化以及建立新的基于规则的国际贸易体系。

　　未来一段时期，在供应链布局、产业和技术保护等方面，日本从经济安全角度来制定和实施政策措施的趋势越来越明显。日本可能会逐步将供应链短链化，并依靠日本、澳大利亚和印度三方共同提出的"供应链弹性倡议"。这种调整无疑将强化全球价值链本土优先性和全球供应链区域化。同时，日本对外产业合作中经济安全的考量会进一步加重。

第三章

数字经济时代国际经济合作新趋势

数字经济（Digital Economy）的出现是工业革命以来人类历史上最大的变革，它改变了个人、企业和社会之间的传统关系，是继农业经济、工业经济之后的主要经济形态，是以数据资源为关键要素，以现代信息网络为主要载体，以信息通信技术融合应用、全要素数字化转型为重要推动力，促进公平与效率更加统一的新经济形态。21 世纪以来，日益增加的互联网用户、更为强大的计算机性能，以及指数级增长的数据量推动着数字经济迅猛发展，电子商务、通信、芯片等数字化相关产业发展远超 GDP 增速，而物流、艺术和娱乐等传统产业也面临急迫的数字化转型。鉴于数字经济的重要性，有必要对数字相关的国际经济合作进行深入分析探讨。

数字经济的蓬勃发展推动了全球数字贸易的兴起。信息通信技术（ICT）深刻重塑了贸易过程和方式，在多方面颠覆了传统贸易。数字化不仅增加了贸易的规模和范围，也使贸易主体更加多元化，越来越多的小型生产公司使用 ICT 来克服交易挑战，并向全球具有特定偏好的数字连接客户提供产品和服务。此外，传统商品和服务贸易也逐步向数字化转型，贸易不再受地理距离、时间、语言的严格限制，贸易谈判、订货、交货等环节均在线进行，在降低贸易成本的同时提高了贸易效率，催生了繁荣的数字贸易并使其成为数字经济中的主要贸易形式。ICT 商品与数字贸易高度相关①，2011～2020 年的 ICT 产品占世界总额的百分比持续提升，十年间提升了 4.69 个百分点，侧面说明数字贸易在全球贸易中的份

---

① 孙玉红，于美月，赵玲玉. 区域数字贸易规则对 ICT 产品贸易流量的影响研究［J］. 世界经济研究，2021（8）：49-64.

额逐步增加。据联合国贸易和发展会议（UNCATD）统计，数字可交付服务总额在 2005 年仅占当年服务总额的 45.77%，2020 年占当年服务总额的 63.55%，表明数字服务贸易在全球服务贸易中逐渐占据重要地位，已成为全球经济增长的主要动力（见图 3-1）。

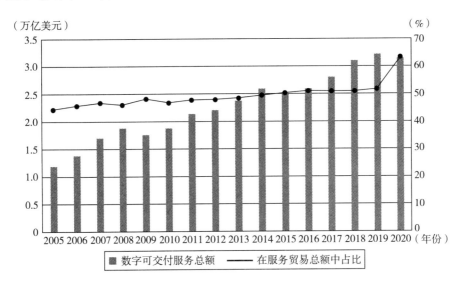

图 3-1　2005~2020 年全球数字可交付服务总额及在服务贸易总额中占比

资料来源：联合国贸易和发展会议（UNCATD）。

第一节　我国数字经济发展现状

　　数字革命加速了全球数字经济发展。为了满足办公、生活和学习的需求，远程办公、网上授课、远程医疗和网购等数字服务迎来了爆发式增长。美国在全球数字经济中占据主导地位，是世界上最早提出数字贸易概念的国家，2013 年发布的《数字贸易法案》为美国数字贸易的发展带来了制度保障。2020 年，美国数字服务贸易总额达 8507.2 亿美元①。欧盟致力于提升其在全球数字经济中的影

_____

①　资料来源：联合国贸易和发展会议（UNCATD）数据库。

响力，在 2021 年发布的《开放、可持续和坚定自信的贸易政策》中强调："支持欧洲的数字议程是欧盟贸易政策的优先议题。"作为仅次于美国的数字经济大国，我国的 ICT 商品所占贸易总额的百分比远超世界其他国家（见图 3-2），发达的数字化水平为我国数字贸易的高速发展奠定了坚实的基础。根据国家工业信息安全发展研究中心测算，全口径模式下，我国数字贸易 2020 年已经达到 4 万亿元的规模，较 2019 年 3.66 万亿元的规模同比增长 9.3%①。

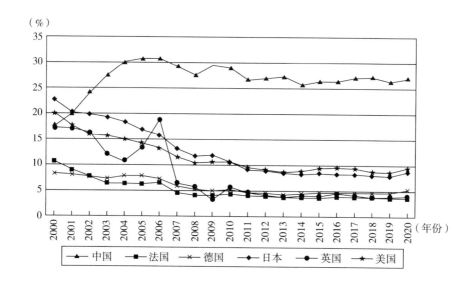

图 3-2 2000~2020 年 ICT 商品在贸易总额中占比（分国家比较）

资料来源：联合国贸易和发展会议（UNCATD）。

一、我国数字经济发展的政策环境

为了有效推动数字经济发展，世界各主要经济体普遍将关注重点由传统经济转向数字经济，在制定政策举措、对外经贸合作等方面加大了对数字经济的重视程度。我国政府围绕数字经济带来的发展机遇，从中央和地方两个层面在国家发

---

① 国际上对数字贸易没有统一的统计标准，根据 OECD、WTO 和 IMF 发布的《数字贸易测度手册（第一版）》，数字贸易统计应包括数字订购贸易和数字交付贸易，前者强调通过数字化手段达成订单，基本等同于跨境电子商务；后者强调通过数字化手段交付产品，属于服务贸易的一部分。

展规划、政策法规等方面加大探索力度，持续推动数字基础设施建设，积极推进数字合作，为我国数字经济高质量发展注入新动能。

（一）加快营造良好制度环境

党的十八大以来，党和政府高度重视发展数字经济，从多个方面出台政策推动数字经济发展。以数字贸易为例，2018 年数字贸易的概念尚未完全清晰，《中华人民共和国电子商务法》中对"消费者保护"等数字贸易相关元素做了明确规定。2019 年后，数字贸易的重要性日益显现，我国分别在《中共中央　国务院关于推进贸易高质量发展的指导意见》《国务院办公厅关于推进对外贸易创新发展的实施意见》中强调加快数字贸易发展，提升贸易数字化水平。2020 年，海关总署发布了《关于扩大跨境电子商务企业对企业出口监管试点范围的公告》，进一步推动了跨境电商规范化发展，有效填补了海外市场需求缺口。进入2021 年以后，国家和地方对数字贸易的关注度持续上升，《"十四五"服务贸易发展规划》《关于支持国家数字服务出口基地创新发展若干措施的通知》均指出要加强国家数字服务出口基地建设。全面、细致的顶层设计打造了积极、稳定的政策环境，为我国数字贸易发展提供了制度支撑（见表 3-1）。

表 3-1　2013~2021 年我国部分数字经济相关政策

政策颁布时间	政策名称	主要内容
2013	《国务院办公厅转发商务部等部门关于实施支持跨境电子商务零售出口有关政策意见的通知》	建立跨境电子商务海关新型监管模式，建立出口信用体系
2017	《中华人民共和国网络安全法》	对跨境信息流动进行一定程度的限制，重要领域的数据要求本地化
2018	《中华人民共和国电子商务法》	对"消费者保护"等数字贸易相关元素做了明确规定
2019	《中共中央　国务院关于推进贸易高质量发展的指导意见》	加快数字贸易发展，提升贸易数字化水平
2020	《关于推进对外贸易创新发展的实施意见》	鼓励企业向数字服务和综合服务转型，提升贸易数字化和智能化管理能力
2020	《关于扩大跨境电子商务企业对企业出口监管试点范围的公告》	进一步推动了跨境电商规范化发展，有效填补了海外市场需求缺口
2021	《"十四五"服务贸易发展规划》	加强国家数字服务出口基地建设

（二）大力推动数字基础设施建设

数字基础设施是以数据算力为核心、通信网络为基础、数据创新为驱动的基础设施体系，通过大力推进数字基础设施建设为我国数字经济发展提供了基础保障。在"东数西算"等国家重大工程的推动下，我国算力布局逐步完善，"十三五"期间算力年均增长30%，截至2021年底，我国算力总规模已经超过140EFlops[①]，形成了以粤港澳大湾区、长三角、京津冀等核心区域与中西部地区协同发展的格局。我国已建成的数字光纤网络和移动网络规模世界第一，5G技术引领世界发展，建设速度和规模同样位居世界第一。截至2020年底，我国已建成5G基站71.8万个[②]，优质的网络建设为数字经济搭建了高效便捷的沟通桥梁，提供了有利的发展环境。在数据创新上，我国华为公司有效5G专利组数全球第一，占比14%，远超占比9.8%的高通[③]。5G网络高速度、低延迟的优势推动了物联网（IOT）和边缘计算的大范围应用，催生了增强现实和自动驾驶等一系列新服务的产生。

（三）积极推进数字经济合作

在数字经济领域，我国广泛开展国际合作。为了加快数字经济国际合作进程，最大限度上消除"数字鸿沟"，我国采用多种方式积极与其他国家，特别是欠发达国家加强合作，协助建设数字基础设施。"数字丝绸之路"概念提出后，我国与各参与国围绕互联网基础设施、跨境电子商务展开了广泛的合作。2015年，国家发展改革委、商务部和外交部联合出版的"数字丝绸之路"白皮书中指出，各缔约国之间的数字连接是重中之重，随后与多个国家共同制定了互联网技术标准及信息交换共享平台，与16个国家共同签署了合作备忘录，与7个国家一起发起了数字经济合作倡议，在跨境光缆和数据中心等数字基础设施建设领域展开深度合作，使得丝路沿线国家能够便捷地接入国际互联网，为数字经济的发展提供了良好的硬件支撑。在数字经济规则谈判中，我国亦广泛寻求合作，是WTO、G20、亚太经合组织（APEC）谈判中数字贸易议题的主要发起者之一。在经贸协定谈判中，我国推动并参与的《区域全面经济伙伴关系协定》（RCEP）中包含了电子商务、知识产权等数字贸易相关章节。在双边谈判中，我国与智

---

① 安迪. 我国数据中心算力总规模已超140 EFLOPS 算力布局日益优化［EB/OL］. http：//news. 10jqka. com. cn/20220720/c640568646. shtml，2022-07-20.

② 国家互联网信息办公室. 数字中国发展报告（2020年）［R］. 2021.

③ 中国通信院. 全球5G专利活动报告（2022年）［R］. 2022.

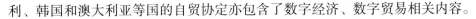

利、韩国和澳大利亚等国的自贸协定亦包含了数字经济、数字贸易相关内容。

（四）各地加大数字贸易探索

为了在国内外经济的激烈竞争中取得优势，我国各地方政府明确表示将开展数字贸易先行先试，尝试建立数字贸易中国规则，探索建设"数字贸易先行示范区"，并已取得积极的成效。上海首先于 2019 年制定了《上海市数字贸易发展行动方案（2019-2021 年）》，从跨境电子商务、数字服务的行业应用、数字内容、云服务四个领域全面阐释了上海发展数字贸易的重点领域，计划建成集总部经济、要素自由流动、完善的数字贸易规则为一体的世界级数字贸易港，截至 2020 年，上海数字贸易额达到 433.5 亿美元，同比增长 8%[①]。浙江于 2020 年颁布了《浙江省数字贸易先行示范区建设方案》（以下简称《方案》），浙江的数字贸易发展基础良好，早在 2015 年就获批了全国首个跨境电商综试区，2016～2020 年间跨境电商规模实现翻两番，规模约占全国的 1/6。《方案》提出，要推动浙江省的数字贸易规模、集聚效应、便利化程度、社会效益更上一个台阶，到 2025 年初步建成全球数字贸易中心。北京于 2020 年颁布了《北京市关于打造数字贸易试验区实施方案》，计划通过政策创新实现高水平开放，进而吸引数字相关的人才和高端产业，打造世界级的数字经济和数字贸易先导区，预计到 2025 年，北京市数字贸易进出口规模将达到 1500 亿美元，占进出口总额的 25%[②]。

二、我国数字经济发展所取得的成就

在我国政府的积极引导下，数字经济新模式、新业态不断涌现，推动我国数字经济整体快速发展，国际竞争力持续增强，跨境电商规模位居世界第一，典型产业发展持续向好，数字贸易发展空间巨大。

（一）数字经济规模巨大

我国是数字经济大国，2021 年，我国数字经济规模达到 45.5 万亿元，同比名义增长 16.2%，高于同期 GDP 名义增速 3.4 个百分点，占 GDP 比重达到

---

① 方卓然．2020 年上海数字贸易额达 433.5 亿美元，同比增长 8%［N/OL］．界面新闻，［2021-09-02］．https：//www.jiemian.com/article/6555653.html.

② 北京市关于打造数字贸易试验区实施方案［EB/OL］．［2020-09-23］．http：//www.beijing.gov.cn/zhengce/gfxwj/sj/202009/t20200923_2088196.html.

39.8%，高居世界第二①。发达的数字化水平为我国数字贸易的高速发展奠定了坚实的基础。全口径模式下，2020 年我国数字贸易达到 4 万亿元的规模，比 2019 年的 3.66 万亿元增长 9.3%，占我国进出口贸易总额的 14%②。

（二）跨境电商快速增长

跨境电子商务是指通过电子商务平台完成交易的国际商业活动。2010 年以后，我国跨境电商增长速度不断加快，为我国外贸的发展起到了积极的作用，是拉动我国经济发展的发动机之一。我国政府高度重视跨境电商发展，截至 2022 年已经批准设立多达 132 个跨境电商综试区，打造了跨境电商全产业链。2021 年，我国跨境电商进出口额达 1.98 万亿元，两年平均增长 23.89%，显著高于同期货物贸易增速（见图 3-3）。我国跨境电商规模位居世界第一，但相较庞大的出口总额，跨境电商市场仍有一定的发展空间（见图 3-4）。《区域全面经济伙伴关系协定》（RCEP）生效后，我国与东盟十国的贸易伙伴关系进一步加强，"丝路电商"合作逐步增多，为我国跨境电商开辟了欧美市场之外的增长渠道。个性化定制服务为我国跨境电商发展增添了新动能，通过深入分析海外客户的消费历史、行为偏好，2020 年 26.9% 的跨境电商企业倾向于提供个性化产品设计等定制服务③。

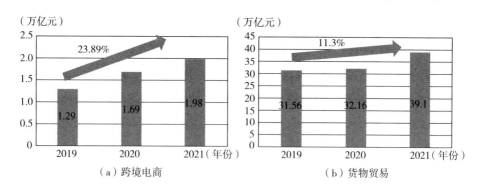

图 3-3　2019~2021 年中国跨境电商和货物贸易进出口总额比较

资料来源：中国海关数据库，http://www.customs.gov.cn/customs/302249/302274/302278/302280/index.html。

① 中国信息通信研究院．中国数字经济发展报告（2022）［R］．2022.
② 国务院发展研究中心对外经济研究部，中国信息通信研究院．数字贸易发展与合作报告 2021［M］．北京：中国发展出版社，2021.
③ 资料来源：《2020 跨境电商发展报告》。

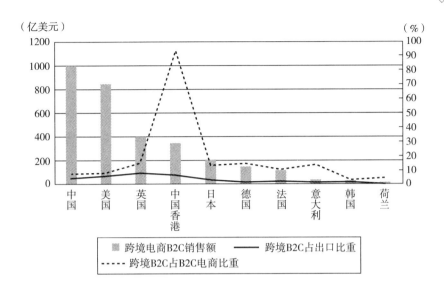

图 3-4 2018 年全球 B2C 跨境电商销售总额前十的国家（地区）

资料来源：联合国贸易和发展会议（UNCTAD）。

（三）典型产业发展持续向好

高效的数字基础设施叠加有力的国家政策和日益优化的监管环境为我国数字典型产业的发展铺平了道路，推动我国数字经济持续向好。云计算是数字经济产业链中的重要环节，亦是我国发展速度最快的产业之一。2011~2020 年，我国的云计算算力平均增速达到 50% 以上，总算力增长 2000 倍左右。截至 2020 年，我国云计算市值已达到 2091 亿元，在推动数字经济发展中发挥了重要作用。平台经济是数字经济发展的重要动力，在电子商务、社交网络、数字媒体、在线教育等领域发展速度较快。据中国信通院统计，截至 2020 年，我国市值在 10 亿美元以上的数字平台达到了 197 家，总市值达到了 35043 亿美元，"十三五"期间年均增长 35.4%，但相较美国，近年来增长速度有所放缓①。人工智能（AI）是数字服务经济发展的重要方向，我国为企业在开发应用新的数字应用程序方面提供了优良的硬件环境，大量的数字活动亦批量提供了可用于训练人工智能算法的数据，推动我国人工智能技术在面部识别等特定应用方面反超美国。

---

① 中国信息通信研究院．云计算白皮书（2021 年）［R］．2021.

（四）数字服务贸易具有持续发展潜力

快速发展的数字经济为我国数字服务贸易提供了巨大的发展空间，规模逐渐扩大，但数字服务贸易的深层次潜力仍未完全开发。随着物联网等数字技术的快速发展，预计连接到互联网的设备数量将大幅增加，工业机器人、家庭设备和汽车等不仅为企业提供了海量数据，还增强了企业实时收集数据、分析数据及把控供应链的能力，促进了数字服务的快速增长。以汽车产业为例，软件、传感器和人工智能等竞争激烈的数字服务是未来的主要盈利点之一，麦肯锡预测2030年后汽车厂商30%以上的收入将来自数字服务。我国数字服务贸易额由2011年的1648.4亿美元增长至2020年的2939.9亿美元，年均复合增长率达到6.6%，预计到2025年，我国数字服务贸易进出口总额将超过4000亿美元，占服务贸易总额的比重达到50%左右[①]。但与西方发达国家相比，在整体规模上仍有一定差距，不仅落后于美国，亦低于爱尔兰、英国和德国，位居世界第五，未来增长潜力较大（见图3-5）。

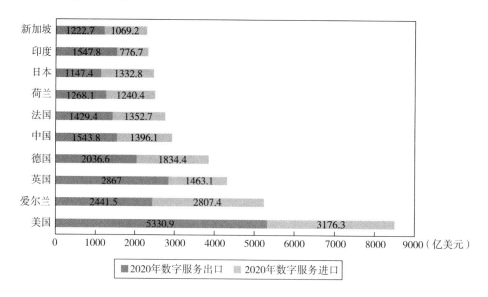

图 3-5　2020 年全球主要国家数字服务贸易规模排名情况

资料来源：联合国贸易和发展会议（UNCATD），https：//unctadstat. unctad. org/wds/TableViewer/table-View. aspx？ReportId＝158358。

---

① 前瞻产业研究院 . 2022 数字贸易发展研究报告——区域先行　数贸全球［R］. 2022.

在细分领域上，我国个人、文化和娱乐、知识产权和金融保险等服务的数字化速度较快，数字渗透率处于较高水平，其余重点细分领域尚有发展空间（见表3-2）。总体而言，2021年我国服务贸易重点领域的数字渗透率达到0.347，较2020年的0.29提高了5.7个百分点①，在我国数字化转型战略的强力推动下，数字服务贸易仍有巨大的发展空间。

表3-2　2021年我国重点细分领域的数字渗透率水平

重点细分领域	数字渗透率
个人、文化和娱乐服务	0.42
知识产权服务	0.41
金融保险服务	0.34
其他商业服务	0.33
运输服务	0.26
建筑服务	0.25

资料来源：鼎韬产业研究院．中国数字贸易发展报告（2021）［R］．2022.

第二节　数字经济背景下国际经济合作规则制定的新取向

作为关键要素的数据对经济社会的重要性已经获得共识。阿联酋人工智能部部长奥马尔·本·苏尔坦指出，"数据就是新的石油资源②"。大量研究指出，对数据的深度挖掘可以推动社会的方方面面发生深刻的变革。这种变革不仅涉及搜索引擎、社交网络等"原生数字"领域，物联网的出现已经将经济基础设施转变为真正的数字经济神经系统，大量的互连传感器对周边环境做出反应，并生

---

① 鼎韬产业研究院．中国数字贸易发展报告（2021）［R］．2022.
② 王俊鹏．数据是新的石油资源［N］．经济日报，2021-08-02（12）.

成、收集和交换廉价、丰富的数据。从健身追踪器等可穿戴设备、家庭安全、冰箱和温度计等联网设备到库存管理和互联网汽车，物联网已经渗透到了社会的方方面面。

但对数据的依赖同样带来了一系列新的问题。在大数据时代，科技型企业对个人隐私数据需求日益增加，过度监管会干扰数字创新和竞争，监管不力将增加网络威胁并降低对数字贸易的信任，如何在市场效率和个人隐私保护之间找到平衡点，是各国政府普遍面临的挑战。各国开始寻求新的方法来控制数据，特别是通过各种措施来实现数据"本地化"，以便将数据保持在国家主权范围内。研究人员强调此种措施对跨境数字贸易造成了一定的冲击，对数字经济的发展造成了负面影响。但为开展国际业务而确保包括个人数据在内的数据跨境流动的需要不能也不应削弱政府出于合法目的（包括个人数据隐私、网络安全问题和国家安全）监管数据流的能力。各国的分歧意味着在数字贸易规则上，传统形式的国际合作很难达成一致，导致产生了有别于传统关税壁垒和非关税壁垒的新型数字贸易壁垒，给全球数字治理和规则制定带来新的挑战。联合国秘书长安东尼奥·古特雷斯指出，"当前碎片化的数据格局……可能会为与隐私泄露、网络攻击和其他风险相关的重大损害创造更多空间"。为了推动数字时代的经济发展，近年来，部分国家采取专门商签数字经济协定的方式推动规则制定。

一、多边谈判进展缓慢

传统多边谈判在制定数字经济规则方面步伐缓慢。WTO 自 1995 年成立以来，将调整范围从传统的货物贸易扩展到了服务贸易、投资、知识产权等领域，并且建立了具有强制管辖权的争端解决机制，修正了关贸总协定时期争端解决机制软弱无力的缺陷。毫无疑问，WTO 在促进国际经济发展方面作出了显著贡献，但当前 WTO 也面临着若干挑战或者困难，主要体现在决策程序、争端解决机制、承诺方式等方面。

（一）协商一致的决策程序存在缺陷

WTO 采取了协商一致的决策机制，只要没有成员正式反对，就可以通过相应的决策。从决策机制的历史发展角度出发，协商一致的决策机制第一次在决策过程中考虑到了所有成员的意见，并且试图统筹兼顾，但协商一致的决策机制本身并没有规定投票或者具体的决策规则。协商一致可以是一致同意，也可以是特定多数或者简单多数。例如，在美国和墨西哥的第二次金枪鱼案中，专家组、上诉机构就认为"协商一致"是指"有关利益方对实体问题没有持续的反对，也就是达成了基本的一致"。就此而言，协商一致的决策规则对个别 WTO 成员的否决权予以了严格限制。

在目前的 WTO 决策规则下，协商一致的决策规则试图调和所有成员的利益，即便是在一个或者少数 WTO 成员反对的情况下，WTO 机构的主席仍然可以认为满足了协商一致的条件，但这也导致了以下结果：只要没有成员正式反对就可以通过决策，这使得决策变得更加容易，但为了使得协商一致，又必须在成员间进行复杂的协调工作，导致决策机制变得更加困难。严格地说，协商一致的决策规则更适合 WTO 内部的组织性事项，比如，WTO 开始和结束谈判、解释条约条款的含义、豁免义务和新成员的加入等。如果涉及缔结新条约或者修改条约，WTO 成员应当在签署、批准条约的情况下才受条约义务约束。具体而言，WTO 可以通过协商一致的方式缔结一个新协定，但只有成员签署、批准了协定，该协定才对成员生效，这样做可以在一定程度上避免成员为了自身利益阻碍新协定通过，改变 WTO 目前决策效率低下的现实问题。例如，在《贸易便利化协定》的通过问题上，由于印度将通过《贸易便利化协定》与食品安全问题挂钩，导致该协定推迟了 4 个月才在总理事会通过。

（二）强制性争端解决机制未必适用于所有问题

世界贸易组织（WTO）于 1995 年正式开始运作，当时国际社会的主流观点倾向于采取法治方式规范国家间关系。作为一个规范国际贸易关系的国际组织，WTO 也制定了一系列具有法律约束力的国际条约，并且通过强制性的争端解决机制解决贸易争端，确保遵守规则。但现实与想法存在一定的差异，比如，美国和欧盟就荷尔蒙牛肉的问题在 WTO 提起了争端解决机制，虽然欧盟败诉，但仍然拒不执行裁决。美国和欧盟间有关生物技术产品也就是转基因作物的争端也是类似情形。这说明，WTO 成员之间的争端有时并不是纯粹的法律争端，还涉及复杂的历史、文化和政治因素，单纯用法律方法的效果未必很好。

（三）一揽子承诺无法适应 WTO 的复杂现实

到目前为止，WTO 采取了一揽子承诺的方式，乌拉圭回合以及多哈回合期间，WTO 的谈判专家们采取了"或者全部成功，或者全部失败"的谈判规则，这主要是针对谈判结果而言的，而不是涉及 WTO 成员所适用的法律规则，是所有 WTO 成员都适用和遵守相同的规则。虽然乌拉圭回合期间缔结的协定对所有 WTO 成员具有法律约束力，但实际上，很多规则或者说减让仅对个别成员有效，例如，减少承诺、加入议定书、特殊和差别待遇，以及 WTO 义务的豁免条款等。这确保了法律规则的统一，但也导致了在 WTO 体系内越来越难以达成新协定。

（四）对发展中成员的特殊和差别待遇有待落实

目前，WTO 体制内谈判面临的一个主要问题就是发展中成员要求特殊和差别待遇。由于发展中成员的资格是自己认定的，超过 80% 的 WTO 成员都认为自己是发展中成员。自从 WTO 建立以来，投资贸易自由化促进了全球经济的发展，但成员之间的差异也越来越大，即便在发展中成员中也可以分为以金砖国家为代表的新兴经济体和一般发展中成员。对于前者来说，合适的做法就是尽可能减少发展中国家在 WTO 内的承诺，保持发展中成员的地位，奉行"大象隐藏于树后"的政策；对于一般发展中成员来说，这些成员非常不希望发展中成员集团破裂，因为这会削弱发展中集团成员的议价能力。由于 WTO 成员间存在很大的差异，应当考虑到上述现实要求在成员间公平地分担责任。其实，联合国有关气候变化的谈判其实也是相似的情况，各国都应当结合自身的具体现实做出减排承诺。在这方面，WTO 已经有了比较成功的实践，比如，贸易便利化、非农产品市场准入的谈判就比较好地考虑到了不同成员的差异，《政府采购协定》的修改也比较好地贯彻了对发展中成员的特殊和差别待遇。上述领域的谈判都没有将发展中成员归为一类，而是考虑到了不同成员的现实做出了不同安排。WTO 体制内未来的谈判将越来越多地结合特定议题、不同成员的需求，以及成员的能力展开。

二、区域经济合作协定谈判难以取得共识

全球多边经济谈判的停滞，促使区域层面上数字规则的谈判备受关注。一些 WTO 成员国开始在区域贸易协定（RTA）谈判中纳入数字元素，如《全面与进步跨太平洋伙伴关系协定》（CPTPP）、《美墨加三国协议》（USMCA）、《区域全面经济伙伴关系协定》（RCEP）等。但各国之间的分歧亦导致了区域经济协定谈判进展有限。

美国不断尝试扩大其在全球数字治理方面的影响力，将跨境数据流的自由化作为其数字议程的主要目标之一，旨在通过保护数据流动来打击数字经济中的新型贸易壁垒。简而言之，美国的数字经济治理具有以下两个特征：一是支持自由开放的数字市场。为了强化在数字经济中的支配地位，美国极力推动自由贸易，不断强调跨境数据流自由化的重要性，率先将数字经济问题纳入一系列区域经济协定中①，意图通过主导全球数字治理规则，允许企业和消费者以他们认为合适的方式移动数据，突破数据跨境流动限制和本地化要求造成企业跨境经营的障碍，进一步打击阻碍数据自由流动的歧视性壁垒。二是侧重于"低标准"的监管。与要求缔约方严格遵从"高标准"《通用数据保护条例》（GDPR）要求的欧盟不同，美国拥有诸如亚马逊、谷歌、脸书、奈飞、PayPal 等世界领先的科技公司，更多聚焦于如何确保企业的商业利益，降低过度监管的不利影响，在风险防控上亦鼓励采用基于共识的标准。但近年来，美国数字经济政策亦有逐渐转向的迹象，其国内法逐渐以数据安全理由限制本国数据流向外国，一定程度上标志着美国从上述"自由贸易"精神的转向。例如，2018 年美国通过的《外国投资风险评估现代化法案》②（FIRRMA）扩大了外商投资筛选机制，在审查中纳入了对敏感个人数据的控制权，虽然该机制未直接涉及跨境数据流动，但依然可以禁止相关数据跨境传输，未来美国限制数据自由流动的可能性将逐渐增加。

欧盟与美国的立场存在显著差异，在数字经济政策上强调独立自主。比较而言，欧盟对经济协定中的数字规则极为谨慎，主要有以下两个特征：一是注重"数字主权"。面对非欧盟大型科技公司日益增长的数据控制力对欧盟科技公司发展的竞争，以及数字化体现的巨大价值，欧盟意识到了数字领域战略自主权的

① Yakovleva S. EU's Trade Policy on Cross-border Data Flows in the Global Landscape: Navigating the Thin Line between Liberalizing Digital Trade, https://papers. ssrn. com/sol3/papers. cfm? abstract_id=4019631.

② Harrington J, McGabe R. What the U. S. Innovation and Competition Act Gets Right (and What It Gets Wrong), https://www. csis. org/analysis/what-us-innovation-and-competition-act-gets-right-and-what-it-gets-wrong.

重要性，提出要捍卫欧盟的"数字主权①"。欧盟认为应做出自己的选择，才能具有领导和塑造周围世界的能力②，创建一个单一的欧洲数据空间，推动欧洲数字经济规模与其经济规模相匹配。二是强调个人隐私保护。对于非个人数据和个人数据，欧盟采取了截然不同的做法，鼓励非个人数据跨境自由流动，出台了《非个人数据自由流动条例》等促进跨境数字自由流动的措施。但欧洲大陆法国家有很强的隐私保护意识，欧盟宪章亦将保护隐私和个人数据确立为应予以捍卫的基本权利，严格控制个人数据流动，希望仅在符合其 GDPR 的高规格保护标准时才允许数据流动。在目前的谈判中，欧盟仍然坚持将隐私保护作为一项基本权利，但 2022 年签署的欧日 EPA 和欧墨 FTA 指出，缔约方同意在协定生效后三年内"重新评估"是否需要将关于数据自由流动的条款纳入其中，这标志着欧盟在数据自由流动问题上可能会重新定位。截至 2022 年，欧盟—澳大利亚、欧盟—新西兰、欧盟—突尼斯谈判亦对此类问题达成了充分共识，草案中包含了数字自由流动和禁止本地化相关条款。但是，GDPR 标准下高水平的数据保护仍然是以上条款加入的前提条件，且均加入了具有主观性的广泛例外条款，为其当前和未来的数据保护措施保留了充足的监管余地。不同国家在国际数字市场竞争地位的巨大差距，造成了规则上的不同取向，且随着新型数字技术的发展，极易在社会的各个方面产生隐私和道德风险，各国规避风险的不同态度导致很难取得共识。

三、单一经济合作协定成为规则制定的新取向

为适应数据驱动型经济发展，更新相关规则以协调与数据跨境流动、应用机器学习（AML）和人工智能（AI）等新的通用技术相关的安全、隐私和其他监管问题变得越来越重要，催生了专注于数字经济的规则谈判。数字经济涵盖众多议题，利益关系错综复杂，诸如跨境数据流动与隐私保护、设施本地化、服务市场准入、数字产品的非歧视待遇等均有相关性，谈判需要同时协调国内外诸多领

---

① "数字主权"最初由法国人在其 1994 年的国防白皮书中提出，随后逐渐被德国、法国和意大利等欧洲主要国家接受，2016 年欧盟公布其全球战略时正式采用了这一概念。

② Trade Policy Review-An Open, Sustainable and Assertive Trade Policy, https：//trade. ec. europa. eu/doclib/html/159438. htm.

域，各国达成共识的难度较大，单点突破的可能性较小。针对以上特点，新加坡主张搁置争议，加强在数字规则上的沟通合作，并与智利、新西兰共同发起《数字经济伙伴关系协定》（DEPA），被称为"世界上第一个建立数字贸易规则和数字经济合作的'纯数字'贸易协定"，提供了较为完备的数字经济政府间合作框架。DEPA着力推动数字贸易便利化，探索数据自由流动和安全监管的平衡点，致力于构建数字系统的信任体系，从而为数字经济领域制定了前瞻性标准，很大程度上代表了未来全球数字规则制定的趋势，《美日数字贸易协定》（UJDTA）和《新加坡—澳大利亚数字经济协定》（SADEA）亦是采用这一形式。

  DEPA充分发挥了其就单一主题谈判的优势，几乎涵盖了所有其他区域协定涉及的传统主题，以及未被广泛关注的新兴数字经济问题。在进行综合型区域协定谈判时，各参与国需同时涉及多个主题，不同领域可能存在单个甚至多个利益分歧。为了平衡各方利益，推动谈判达成各方能够接受的结果，往往需要牺牲最终协定的深度和广度，但DEPA因专注于单一主题有效避免了类似问题。同时，DEPA"模块化"的设计和灵活的谈判机制也吸引了对此有潜在需求国家的参与，有利于共同推动数字经济政策发展。DEPA允许谈判者围绕数字经济中的具体需求，只选择最适合未来参与者特定情况的协议元素，并将谈判范围扩大到世贸组织框架下传统的商品和服务之外，为WTO谈判提供新的思路和议题，亦为各国应对快速演变的数字经济形势提供了新的选择。

第三节　经济协定聚焦的热点议题

——以数字经济为例

  表3-3列举了代表性的数字经济协定：《美墨加三国协议》（USMCA）、《欧盟—日本经济伙伴关系协定》（EPA）、《全面与进步跨太平洋伙伴关系协定》（CPTPP）、《区域全面经济伙伴关系协定》（RCEP）、《数字经济伙伴关系协定》（DEPA）。在美国主导下，USMCA围绕数字经济纳入了新的条款，体现了美国数字经济政策的最新动态。EPA涵盖了世界GDP总量的1/3，是GDPR生效后欧

盟参与的最具影响力的区域经济协定，代表着欧盟数字经济政策发展的方向。CPTPP 被认为是全球范围内最高标准的自贸协定之一，在电子商务一章中有大量数字经济相关条款。RCEP 是包含我国在内的当前世界上人口最多、经贸规模最大、最具发展潜力的自由贸易区，同样涵盖了电子商务章节。DEPA 是第一个完全和专门针对数字经济的独立协定，代表了新加坡、新西兰等中小型发达经济体的数字经济政策诉求。

表 3-3　USMCA、EPA、CPTPP、RCEP、DEPA 数字经济内容概要

模块	内容	USMCA	EPA[①]	CPTPP	RCEP	DEPA
贸易便利化	无纸化贸易	●		●	●	●
	国内电子交易框架	●	●	●	●	●
数字产品相关问题	对数字产品的关税免除	●	●	●	●	●
	数码产品的非歧视性待遇	●		●		●
数据问题	个人信息保护	●	●[②]	●	●	●
	跨境数据流动[③]	●		●	●	●
	计算设施的位置	●		●	●	
	开放政府数据	●				●
	交互式计算机服务	●				
数字知识产权	源代码	●		●		
	知识产权保护	●	●	●		
更广泛的信任环境	网络安全合作[④]	●	●	●	●	

注：①EPA 虽然没有单独的无纸化贸易条款，但在贸易便利化和海关事务等章节中均要求允许以电子方式处理文件。②EPA 个人信息保护相关表述包含在 8.78 消费者保护中。③EPA 在 8.81 中表述"自生效之日起三年内重新评估是否有必要将有关数据自由流动的规定纳入本协定"。④因内容较少且相似，故合并网完全和网络安全合作。

资料来源：笔者根据各协定文本整理，仅涉及部分核心内容。

　　数字经济协定力求与现有国际协定保持一致，同时对现有国际协定中数字经济条款进行了完善升级，反映了在数字经济快速发展背景下国际数字经济规则的与时俱进，从而为各大经济体提供了较为全面的数字经济协定模板。DEPA 作为最具代表性的数字经济协定，相较主流巨型经济协定（CPTPP、USMCA、

RCEP），其最具特色的条款包括数字贸易便利化、数据安全问题、构建值得信赖的数字环境等，主要核心议题如下：

一、推动数字贸易便利化

相较于其他协定的贸易便利化措施，DEPA 在推动无纸化贸易、国内电子交易框架和电子支付三个方面做了突出努力，目的是推动数字贸易中端到端的无缝连接，提升跨境数字贸易效率，降低跨境数字贸易的支付成本。

（一）无纸化贸易

DEPA 大力倡导缔约方推广无纸化贸易，建议将贸易管理类文件电子化，由单一窗口受理，以此提高速率、降低成本：一是要求电子文件的法律效力在大多数情况下等同于纸质版本，且公众可获得现行贸易管理文件的电子版本；二是强调各缔约方应建立无缝、可信、高可用性和安全互连的单一窗口，以促进与贸易管理文件有关的数据交换；三是认识到随着数字技术的不断发展，可互操作的数据交换系统可能会取代贸易管理文件。

随着数字贸易的快速发展，世界各国在促进贸易便利化等"浅层规则"上达成了共识，在主流贸易协定的数字贸易规则中加入了无纸化贸易等相关内容。无纸化贸易相关条款初次出现在 2000 年新西兰和新加坡签署的《新西兰—新加坡更紧密经济伙伴关系协定》中，随着数字经济的发展，多数区域贸易协定均增加了相关条款。例如，USMCA、CPTPP 和 DEPA 均单独设置了无纸化贸易条款，大幅度简化了贸易流程，提升了贸易文件的处理效率。尤其是作为中小型发达经济体，新加坡等国更加关注无纸化贸易等贸易便利化条款。DEPA 正体现了这些诉求，不仅引入了主流贸易协定中涵盖范围最广、可操作性最强的无纸化贸易相关内容，还导入了主流贸易协定未能涉及的主题，比如，强调各缔约方应公开提供所有可公开获得的贸易管理文件的电子版，允许以电子方式提交原产地证书或其他相关进出口文件以及卫生和植物检疫证书，建立和维护单一窗口及数据交换系统等，从而对缔约方的无纸化贸易提出系统要求。

（二）国内电子交易框架

国内电子交易框架是所有协定均涉及的一项常见条款，但较其他协定，DE-PA 涵盖的内容更加全面。具体而言，CPTPP、DEA、RCEP 和 USMCA 仅同意维持符合联合国国际贸易法委员会于 1996 年通过的《电子商务示范法》或 2005 年生效的《联合国国际合同使用电子通信公约》相关内容的监管体系，指出缔约国应在其监管框架内尽量为跨境电子商务营造一个宽松的环境。DEPA 则将其覆盖范围扩大到包括"电子可转让记录"（如电子提单），要求各缔约方在制定便利使用这些记录的机制时，应符合《贸易法委员会电子可转让记录示范法》（2017 年）等法律法规。

（三）电子支付

电子支付是整个数字经济中非常重要的环节，拥有使用方便、安全性高等传统支付方式无法比拟的优势。DEPA 提出要构建安全有效的跨境电子支付体系：一是鼓励缔约方采用公认的国际标准和支付基础设施联通等措施，支持发展跨境电子支付；二是要求缔约方应关注透明度和公平竞争环境，及时公开各自关于电子支付的法规，促进公平竞争下的创新和竞争；三是加强对电子支付系统的监管，以应对电子支付系统带来的风险。

在电子支付方面，相较其他协定，DEPA 更强调国际电子支付标准的采用和支付系统的互联互通。DEPA 承诺使用国际公认的电子支付标准，同意通过向第三方参与者提供 API（应用程序编程接口）来加强支付系统的互联互通。这一承诺大幅度减少了缔约国之间发生跨境支付摩擦的可能性，从而为 WTO 电子商务和数字贸易谈判提供了新的方向。比较而言，其他协定大多仅关注电子支付的待遇问题。例如，USMCA 对来自缔约国主体的电子支付和市场准入适用明确的国民待遇。CPTPP 将国民待遇设为可选，允许缔约国给予本地电子支付服务优惠待遇。值得注意的是，CPTPP 中电子支付服务的定义侧重于信用卡网络和企业对企业交易，从而忽视了零售支付。

二、探索数据自由流动和安全监管的平衡点

如何在推动跨境数据自由流动的同时最小化安全风险是各国政府关注的焦点。DEPA 致力于弥合主要经济体之间的分歧，降低不同监管力度造成的市场碎片化风险，在隐私保护、跨境数据流动、数据本地化上均提出了新主张。

（一）隐私保护

为预防数字化的个人信息被泄露和滥用的风险，DEPA 第 4 章第 2 条强调对数字经济中的个人信息保护：一是要求缔约方认识到保护个人信息的经济效益和社会效益，以及其在增强数字经济发展信心方面的重要性；二是要求信息保护框架应包括透明度、数据质量和责任等核心原则；三是要求制定互动机制，促进不同缔约国之间的兼容性和互操作性；四是鼓励企业采用数据保护可信任标志，并就此展开合作和经验交流。

为保护消费者个人信息，DEPA 构建了加强保护个人信息的框架与原则，包括透明度、收集方式和问责制等，多方面增加了监管效率。同时，DEPA 不仅涵盖了主流经济协定的常规条款，还扩大了保护条款的范围，将"数据保护可信标志"问题包括在内，致力于建立统一的"数据保护可信标志"系统，并鼓励企业采用这种认证系统，要求缔约方相互承认其他各方的数据保护可信任标志，作为便利跨境信息传输的同时保护个人信息的有效机制。欧盟坚持在其参与的经济协定中使用"高标准"的 GDPR，但导致相关数据规则谈判进展缓慢，而美国坚持使用"低标准"隐私保护规则。USMCA 要求缔约方尽可能地减少对数据流动的限制，其 6 项个人信息保护条款仅有 1 项涉及个人信息保护的实质性义务，且适用于 CBPR（APEC 跨境隐私规则体系）等"第一代"数据隐私标准，提供的数据保护级别较低。

（二）跨境数据流动

DEPA 要求缔约国之间可以随时随地高效地跨境传输信息，并明确承认缔约方各自的监管要求，增加了允许采用监管措施以实现公共政策目标的例外情况。例如，DEPA 规定在公平、公正的前提下，增加了允许采用监管措施以实现公共政策目标的例外情况，某些情况下可采取限制跨境数据流动的措施①。美国主导的 USMCA 同样要求任何缔约方不得禁止或限制通过电子方式跨境传输信息，但为了维护其大型商业公司的统治地位，该协议最大限度上消减了例外条款。而欧盟主导的经济协定谈判强调必须在有效保护数据权利的基础上促进数据跨境流动，并为数据保护措施保留充足的监管余地。例如，EPA 协定文本规定，必须在符合 GDPR 要求的基础上才允许数据自由流动，并添加了广泛的例外条款。

---

① 张慧智，汪君瑶."双循环"新发展格局下中国加入 CPTPP 的政治经济思考［J］. 东北亚论坛，2021（3）：46-59.

（三）数据本地化

DEPA 指出，任何缔约方均不得要求将计算设施设立于其国土之内，以换取进入该国开展业务的权利，但在合法的政策目标下，如果各方对于计算设施有自己的监管需要，一定程度上允许计算设施的本地化要求，条件是这些要求的实施方式不会构成任意歧视或变相限制贸易的手段，以及超出实现目标所需限度的限制。在欧盟国家，个人数据的数据本地化要求较为普遍，其中多数涵盖特殊类别的敏感数据，例如，与健康相关的个人或金融服务数据。受此影响，EPA 未对取消数据本地化要求做出规定。值得注意的是，GDPR 生效后，欧盟希望通过颁布《非个人数据自由流动条例》来取消欧盟内部的数据本地化限制，推动非个人数据跨境自由流动。USMCA 明确指出不应将数据本地化，不允许各国基于政策目标设定数据本地化条款，认为这种壁垒给供应商和消费者都增加了不必要的成本和负担。USMCA 没有引入任何例外条款，即使是敏感的金融数据，只要金融监管当局能第一时间访问到相关信息，也禁止其计算设施的强制本地化[1]。

三、构建值得信任的数字环境

现代市场经济是信用经济，信任是影响国家经济和企业发展的重要因素，数字经济发展同样需要构建新型信任体系。相较其他协定，DEPA 以消费者为核心，以包容合作为主线，致力于构建数字系统的新型信任体系。

（一）消费者保护

DEPA 认为保护消费者不受欺诈、误导和欺骗是发展数字经济的前提条件，应以加强合作、提高透明度等方式加强在线消费者保护。DEPA 针对消费者保护设计了详细的条款，主要围绕三个方面：一是要求缔约方制定法律或法规，禁止对从事在线商业活动的消费者实施欺诈、误导或欺骗性行为；二是要求所提供的货物和服务在交付时具有可接受和令人满意的质量，并与供应商关于货物和服务质量的声明一致；三是当商品存在质量问题时应给予消费者适当补偿。此外，相较其他协定，DEPA 对欺骗性行为进行了更详细的解释，不仅将虚假宣传涵盖在

---

① 周念利，吴希贤. 中美数字技术权力竞争：理论逻辑与典型事实［J］. 当代亚太，2021（6）：78-101.

内，还强调应促使消费者保护法律、改革、程序公开透明。

（二）网络安全

DEPA 指出，应加强缔约国应对计算机安全事件的能力，以识别和减少影响缔约方电子网络的恶意入侵或恶意代码传播，并要求各国政府相互合作，以推动形成全球网络安全和保障问题的合作解决方案。虽然当前网络安全条款内容以方向性表述为主，但随着网络安全与国家安全关系愈加密切，各国在数字经济规则谈判中对网络安全的关注度不断提升。各国认识到网络攻击会对数字贸易参与者构成重大风险，但具体到数字经济规则中网络安全内涵有所不同。USMCA 重点关注私营企业面临的网络安全风险，而其他协定主要关注个人和国家的安全风险。美国对本国互联网企业的保护由来已久，早在 2014 年的《网络安全增强法案》中，美国商务部就提出网络监管应"基于共识的标准"，以降低监管对企业造成的影响。USMCA 中亦指出，应基于共识的标准和风险管理最佳实践来识别和防范网络安全风险，通过限制缔约方政府可能采取的过激监管措施，更好地保障企业利益。EPA 对网络安全的描述略显简短，仅指出缔约方应加强网络安全方面的合作。

（三）数字身份

数字身份是身份标识方式的一种，指以信息化手段承载的个人或组织信息。相较于纸质载体，可以采用信息化手段传输、识别的数字身份在使用效率上具有巨大优势。DEPA 强调了数字身份及开展相关合作的重要性：一是要求缔约国明确认识到数字身份是数字经济的重要组成部分；二是要求缔约方就个人或企业数字身份展开合作，促进各自数字身份制度体系之间的互操作性；三是倡导建立广泛的国际框架，并就推广数字身份的政策经验开展沟通交流。

四、传统经济协定尚未涉及的新兴议题

DEPA 极力营造其在数字经济领域的竞争优势，在新兴趋势和技术、创新和数字经济、加强中小企业合作和推动数字包容等方面提出了自己的新主张。

（一）新兴趋势和技术

新兴趋势和技术是 DEPA 的关注重点之一。鉴于传统经济协定尚未涉及支撑数字经济的技术问题，DEPA 专门设置模块 8，以聚焦新兴趋势和技术的发展与合作问题：一是金融科技，DEPA 承诺在该领域积极促进各国企业间的合作及金融科技的发展；二是人工智能，DEPA 在国际公认的原则或准则基础上，推动缔约方采用与国际接轨的人工智能治理框架；三是政府采购，DEPA 强调缔约国应营造开放、公平和透明的政府采购市场；四是竞争政策，DEPA 鼓励数字市场进行政策分享，并提供咨询、培训及交流等方式，以协助缔约方建设必要的能力，加强数字市场竞争政策的制定和竞争执法。

（二）创新与数字经济

DEPA 充分认识到创新的重要性，力图塑造一个有利于技术创新的开放、包容的国际环境，有效推动现代社会整体劳动生产率的提高。DEPA 的模块 9 对跨境数据流动与数字创新予以专门规定：一是要求缔约方认识到丰富和可访问的公有领域的重要性；二是鼓励广泛共享数据并致力于促进创新，建议缔约方在合适的项目上积极沟通、合作共赢；三是强调开放政府数据对增加和创造商业机会的重要性，并就确保公有资源的可获得性做出了非约束性承诺。

（三）中小企业合作

DEPA 高度关注中小企业合作和发展，认为数字经济能够为中小企业带来更多发展机会，赋予其不同于传统经济的竞争优势。DEPA 有关中小企业的条款体现在模块 10：一是鼓励缔约方充分利用数字工具和技术，扩展中小数字企业在数字经济中的商业机会；二是通过加深缔约方之间的合作、提高透明度和加强网站信息的互联互通，共享国内外与中小企业相关的数字经济实用信息；三是建立中小企业间的沟通机制，开展数字中小企业对话。

（四）数字包容

DEPA 承认包容性在数字经济中的重要性，希望扩大和促进数字经济机会，确保所有人和企业都能够参与数字经济并从中受益。由此，模块 11 引入了数字包容相关规则：一是通过交流，共享数字包容方面的经验和最佳做法；二是促进包容和可持续经济增长，以确保数字经济红利能被广泛分享；三是制订促进数字参与的联合计划，加强机构和民间联系，推动缔约方民间力量开展数字包容相关的合作活动。

第四章

我国利用外资与投资环境分析

改革开放以来，中国实际使用外资规模庞大，成绩优秀。中国是全球外商直接投资的主要投资目的地，是利用外资最多的国家之一。截至 2021 年底，中国累计吸引外商直接投资超过 2.6 万亿美元①。

跨国公司对我国直接投资，主要有三种形式：合资、独资和合作。改革开放初期，外商投资企业以合资为主。中国加入 WTO 后，外商直接投资独资化的趋势明显，特别是 2008 年以来，大部分新设外商投资企业均为独资企业。

外商投资企业采取何种方式设立，主要基于自身利益追求和风险平衡的考量。40 年前，外商对我国市场经济、政策法规、投资环境等均不熟悉，大多采取合资方式，与中国企业开展优势互补的合作。到 2000 年后，一方面，中国的开放经济加快发展，准入限制进一步放宽，宏观经济发展良好；另一方面，早期投资的外资企业获得了丰厚的利润回报，利润再投资增加，越来越多的外商投资企业选择了独资的方式，这也说明了外商投资企业投资中国的良好预期和信心。

第一节　总体现状

一、我国利用外资规模现状

2012～2021 年，在国际环境日趋严峻复杂的背景下，中国实际使用外资仍然

---

① 中华人民共和国商务部. 中国外商投资指引 2022 ［R］. 2022.

保持了稳步增长的势头。2021 年，中国实际使用外资金额 1809.6 亿美元，比 2012 年的 1210.7 亿美元增长 49.47%。2021 年，新设外商投资企业数量达 4.8 万家，比 2012 年增长近 1 倍（见图 4-1）。

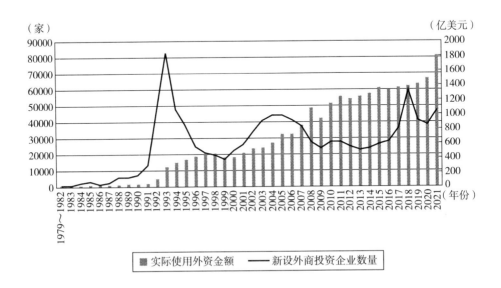

图 4-1　1979~2021 年中国利用外资情况

资料来源：《中国外资统计公报 2022》。

　　在规模创新高的同时，外商投资产业结构也在持续优化，高技术产业吸收外资的势头迅猛。十年间，高技术产业引进的外资金额持续增长，年均增长高达 11.7%，高技术服务业吸收外资增长 28.5%，2021 年同比增长甚至到了 17.1% 的高位。具体细分到行业中，电子及通信设备制造业、计算机及办公设备制造业引资分别增长 26.1% 和 20.4%。在高技术服务业中，科技成果转化服务、研发与设计服务引资分别增长了 30% 和 28.6%①。

　　外资的涌入同样带来了先进的技术。随着外资的大量涌入，越来越多的外资企业倾向于在中国设立研发中心，复制推广甚至直接研发先进技术。以汽车产业为例，大众、丰田、本田等国际知名车企纷纷在我国设立研发中心，研发内容不

　　① 晏澜菲. 这十年，中国奏响高质量利用外资乐章 [EB/OL]. https：//baijiahao. baidu. com/s？id= 1746571975856945461&wfr＝spider&for＝pc.

止包括传统汽车技术，甚至还包括电控技术、电池管理技术、自动驾驶技术等新能源汽车技术。2021 年，我国发明汽车专利最多的企业中多数为外资企业。在生物医药产业中，2020 年外资设立的研发机构更是多达 483 个，有研发机构的企业数量近 400 家，有效发明专利达 8700 件。上海作为我国的经济大市，聚集了最多的外资研发中心，截至 2021 年已经达到了 506 家①。

外资带来的研发中心丰富了国内的技术环境，为我国培育创新人才提供了温床。以阿斯利康为例，其在上海建成的首个针对创新生物疗法的生物分析实验室，支持靶向生物药物研发项目在中国及全球同步推进。2022 年，阿斯利康公司又大量招募中国研发力量，投入新药研发中。阿斯利康全球高级副总裁、全球研发中国中心总裁何静表示，中国药监制度的改革给生物研发行业注入了极大活力，中国众多科研院所和高校不断向行业输送高质量人才，加上海外人才的回归，形成了充沛的人才储备。从 2013 年设立中国新药研发部开始，阿斯利康在中国的研发从"巧手"逐渐升级成为引领全球的"大脑"智库。

二、FDI 分产业及行业情况

在我国服务业快速发展的大背景下，2021 年新设外商投资企业数量最多的是第三产业，达到了 41604 家，占全部企业数量的 87.3%；第二产业为 5613 家，占比 11.8%；第一产业为 430 家，占比 0.9%。从实际使用外资金额来看，第三产业仍旧最多，达到了 1380.8 亿美元，占比 76.3%；第二产业 423.4 亿美元，占比 23.4%；第一产业为 5.4 亿美元，占比 0.3%（见表 4-1）。

表 4-1　2021 年三次产业吸收外资情况

行业名称	新设企业数（家）	比重（%）	实际使用外资金额（亿美元）	比重（%）
总计	47647	100.0	1809.6	100.0
第一产业	430	0.9	5.4	0.3

---

① 专访国研中心副主任隆国强：以高质量外资助推中国经济高质量发展［EB/OL］．https：// mp. weixin. qq. com/s？＿＿biz = MjM5NzUzNjE2MA＝ ＝ &mid = 2652249564&idx = 1&sn = ca6ee0507c711ea4e78 6112b911272bb&chksm＝ bd3a35138a4dbc057e37dc5c0ed523f68e50eb5b9d8f2f4bf5bff2298a9524ce8bc25090231 &scene = 27.

续表

行业名称	新设企业数（家）	比重（%）	实际使用外资金额（亿美元）	比重（%）
第二产业	5613	11.8	423.4	23.4
第三产业	41604	87.3	1380.8	76.3

资料来源：《中国外资统计公报 2022》。

从行业来看，2021 年外商投资主要集中在制造业，租赁和商务服务业，房地产业，科学研究和技术服务业，信息传输、软件和信息技术服务业，批发和零售业，金融业；上述 7 个行业的新设企业数量占比为 86%，实际使用外资金额占比为 89.5%（见图 4-2）。

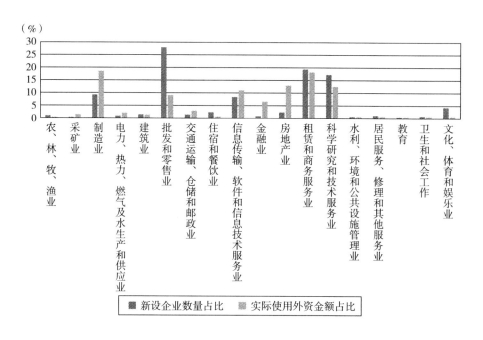

图 4-2 2021 年 FDI 行业结构情况

资料来源：《中国外资统计公报 2022》。

外资对我国的投资主要集中在高新技术产业。2021 年，针对高技术服务业的新设外商投资企业达到了 12379 家，占当年新设外商投资企业总数的 26%；针对高技术制造业的新设外商投资企业达到了 1048 家，占比 2.2%。总体来看，针对高技术产业的新设外商投资企业数量达 13427 家，占比达 28.2%。从实际使用外资金额来看，2021 年针对高技术服务业的金额为 401.4 亿美元，占比 22.2%，针对高技术制造业的金额为 120.6 亿美元，占比 6.7%，以上两项合计针对高技术产业的金额为 522 亿美元，占比 28.9%（见表 4-2）。

表 4-2　2021 年高技术产业吸收外资情况

行业名称	新设企业数（家）	比重（%）	实际使用外资金额（亿美元）	比重（%）
总计	47647	100.0	1809.6	100.0
高技术产业	13427	28.2	522.0	28.9
高技术制造业	1048	2.2	120.6	6.7
高技术服务业	12379	26.0	401.4	22.2

资料来源：《中国外资统计公报 2022》。

三、FDI 分区域情况

我国东部发达地区吸引了流入的绝大部分外资。投向东部地区的外资每年约占到全国总金额的 85%。东部地区独占外商投资大头主要有三个原因：一是区位因素，东部地区普遍沿海、交通便利、气候宜人，亦方便外商投资设厂，发挥海运贸易的优势。二是历史因素，东部地区处于改革开放的前沿阵地，改革开放以来就有大批外资在东部地区投资设厂，且东部地区与香港等外资来源地联系密切，具有吸引外资的历史优势。三是政策因素，东部地区历来是经济发达区，改革开放后又成为试验田，在各项政策、资源上均有一定的倾斜，客观上造成了东部地区外资富集。

东部地区包括北京、上海、天津、江苏、浙江、广东、海南、福建、河北、辽宁与山东共 11 个省市，经济发达，基础设施完善，劳动力素质高，港口交通便利，一直是中国最大的外商投资目的地。近年来，东部地区外商投资数量持续增长，2021 年中国东部地区实际利用外资 1526.8 亿美元，占全国的 84.4%。

中部地区包括河南、湖北、山西、吉林、黑龙江、安徽、江西和湖南。中部地区联通东西南北，在国家发展总体格局中发挥着重要作用。在推进实施中部崛起战略的过程中，中部地区依托资源、能源、制造业、劳动力等比较优势，已成为东部与国际制造业产业转移的重要目的地，利用外资规模不断扩大。2021年，中部地区实际使用外资111.6亿美元，占全国实际使用外资的6.2%。新设立外资企业2720家，占比5.7%。

西部地区由贵州、云南、内蒙古、广西、四川、甘肃、重庆、宁夏、西藏、新疆、陕西、青海12个省份组成。在西部大开发战略的指导下，西部地区利用外资增长迅速，超过了东部地区和中部地区。2021年，西部地区新设立外商投资企业2834家，占比5.9%。实际使用外资96.4亿美元，占比5.3%（见表4-3）。

表4-3　2021年东、中、西部地区吸收外资情况

地区名称	新设企业数（家）	比重（%）	实际使用外资金额（亿美元）	比重（%）
总计	47647	100.0	1809.5	100.0
东部地区	42089	88.3	1526.8	84.4
中部地区	2720	5.7	111.6	6.2
西部地区	2834	5.9	96.4	5.3
有关部门	4	0.01	74.7	4.1

注：有关部门项下包含银行、证券、保险领域吸收外资数据。

资料来源：《中国外资统计公报2022》。

按省份来分，2021年，新设外商投资企业数排名前十的省份分别是广东、上海、江苏、浙江、山东、福建、海南、北京、四川、天津，数量占全国比重为88%；实际使用外资金额排名前十的省份分别是江苏、广东、上海、山东、浙江、北京、天津、福建、海南、四川，规模占全国比重为83.6%（见表4-4）。

表4-4　2021年全国各省份吸收外资情况

地区名称	新设企业数（家）	比重（%）	实际使用外资金额（亿美元）	比重（%）
总计	47647	100.0	1809.6	100.0
江苏	4237	8.9	288.5	15.9
广东	16155	33.9	276.6	15.3
上海	6717	14.1	233.3	12.9

续表

地区名称	新设企业数（家）	比重（%）	实际使用外资金额（亿美元）	比重（%）
山东	3064	6.4	215.2	11.9
浙江	3547	7.4	183.4	10.1
北京	1924	4.0	144.3	8.0
天津	744	1.6	53.9	3.0
福建	2742	5.8	49.1	2.7
海南	1936	4.1	35.2	1.9
四川	882	1.9	33.6	1.9
辽宁	638	1.3	32.0	1.8
湖北	483	1.0	25.0	1.4
湖南	438	0.9	24.1	1.3
江西	633	1.3	22.9	1.3
重庆	358	0.8	22.4	1.2
安徽	476	1.0	18.3	1.0
河北	385	0.8	15.4	0.8
黑龙江	125	0.3	3.9	0.2
内蒙古	44	0.1	3.2	0.2
山西	143	0.3	2.4	0.1
贵州	144	0.3	2.4	0.1
新疆	24	0.1	2.4	0.1
宁夏	29	0.1	2.2	0.1
甘肃	35	0.1	1.1	0.1
西藏	9	0.02	0.3	0.02
青海	16	0.03	0.03	0.002
有关部门	4	0.01	74.7	4.1

注：有关部门项下包含银行、证券、保险领域吸收外资数据。

资料来源：《中国外资统计公报 2022》。

四、FDI 分来源地分布

2021 年，主要投资来源地对华投资规模保持稳定。对华投资前 15 位的国家（地区）新设企业数合计为 38080 家，占当年我国新设外商投资企业总数的

79.9%；实际投资金额合计 1697.1 亿美元，占当年我国实际使用外资总额的 93.8%（见表 4-5）。

表 4-5　2021 年主要投资来源地前 15 位国家（地区）情况

国别/地区	新设企业数（家）	比重（%）	实际投资金额（亿美元）	比重（%）
总计	47647	100.0	1809.6	100.0
中国香港地区	19289	40.5	1317.6	72.8
新加坡	1416	3.0	103.3	5.7
英属维尔京群岛	291	0.6	52.8	2.9
韩国	2478	5.2	40.4	2.2
日本	998	2.1	39.1	2.2
美国	2068	4.3	24.7	1.4
开曼群岛	191	0.4	24.6	1.4
中国澳门地区	2932	6.2	21.9	1.2
德国	536	1.1	16.8	0.9
英国	612	1.3	12.0	0.7
荷兰	176	0.4	11.1	0.6
中国台湾地区	6595	13.8	9.4	0.5
毛里求斯	17	0.04	9.0	0.5
瑞士	117	0.2	7.3	0.4
法国	364	0.8	7.1	0.4

注：如一家外资企业有来 2 个及以上国别（地区）的境外投资者，则新设企业数在这些国家（地区）各计算一次，总数仅计算一次。

资料来源：《中国外资统计公报 2022》。

2021 年，亚洲国家/地区在华新设企业数占比为 76.2%，实际投资金额占比为 84.9%；非洲国家/地区在华新设企业数占比为 4.5%，实际投资金额占比为 0.6%；欧洲国家/地区在华新设企业数占比为 8.1%，实际投资金额占比为 3.9%；拉丁美洲国家/地区在华新设企业数占比为 1.8%，实际投资金额占比为 4.3%；北美洲国家/地区在华新设企业数占比为 6.3%，实际投资金额占比为 1.5%；大洋洲国家/地区在华新设企业数占比为 1.6%，实际投资金额占比为 0.5%（见图 4-3）。

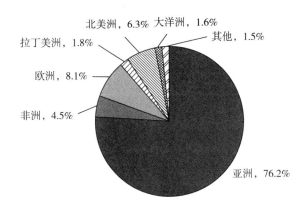

图 4-3　2021 年新设外商投资企业主要来源地概况

资料来源：《中国外资统计公报 2022》。

综合来看，我国利用外资主要有五项特征：一是中国香港占比居于绝对优势，以 2021 年为例，来自中国香港的新设企业数达到了 19289 家，占全部新设企业数的 40.5%，实际投资金额达到了 1317.6 亿美元，占全部外商投资的 72.8%。二是世界 FDI 输出大国对华投资较少，以 2021 年为例，来自美国的新设企业数为 2068 家，仅占全部新设企业数的 4.3%，实际投资金额为 24.7 亿美元，仅占全部外商投资的 1.4%，来自德国的新设企业数为 536 家，仅占全部新设企业数的 1.1%，实际投资金额为 16.8 亿美元，仅占全部外商投资的 0.9%。三是制造业外资流入下降，仍以 2021 年为例，流入制造业的外资金额已经低于 20%，新设企业数甚至低于 10%。四是服务业外资增长较快，但行业集中度较高，2021 年针对第三产业的新设企业数高达 87.3%，实际使用外资金额达 76.3%，但主要集中在租赁和商务服务业，房地产业，科学研究和技术服务业，信息传输、软件和信息技术服务业等。五是地区分布不平衡，东部地区承载了 42089 家新设外商企业，占新设外商企业总数的 88.3%，实际外商投资金额 1526.8 亿美元，占比高达 84.4%，以上两项中西部地区合计占比均在 11% 左右，东部地区和中西部地区差异显著①。

---

① 中华人民共和国商务部 . 中国外资统计公报 2022［R］. 2022.

五、外资对经济发展的影响——基于河南省数据

河南地处连接东西、贯通南北的战略枢纽，近年来，河南逐渐从传统农业大省转变为新兴工业大省、文化大省、经济大省和内陆开放大省，战略地位和综合竞争优势更加凸显。河南保持快速的发展态势，发展水平不断提高，产业结构持续优化，形成了交通区位、产业基础、市场规模等多方面的发展优势，成为我国经济发展的典型省份。本部分以河南为例，深入分析外资对我国经济发展的影响。

通过对外开放、吸引外资，越来越多的世界 500 强企业布局河南，带动了本土企业的技术引进、改造和产品升级，同时推动了本土企业管理水平的提升和进出口贸易的飞速发展，加快了本土河南企业与国际市场接轨的步伐，对河南经济发展起到了积极的带动作用。

（一）外资对经济增长的影响

资本是经济发展必需的一种稀缺要素，外商直接投资作为资本流入的一种形式对东道国，尤其是发展中国家的资本形成和经济增长具有重要作用。外资对经济增长的影响包含直接和间接两种形式。直接影响包括弥补东道国发展过程中的"储蓄缺口""外汇缺口"，通过"乘数效应"扩大东道国的投资规模促进资本形成，以及直接投资形成的生产能力对国民收入的影响；间接影响则包括对经济增长方式的影响、对进出口的影响、对技术进步的影响以及示范效应等。

河南利用外资规模从 1985 年的 565 万美元跃升至 2020 年的 200.65 亿美元，30 余年间增长了 3551 倍。同期，河南省 GDP 从 1985 年的 451.74 亿元上升至54997.2 亿元，增长了 121.7 倍①。河南省 GDP 与利用外资规模上具有同方向的增长关系，也有着时间上的相关关系，显示出不断增长的利用外资规模对河南省经济增长的带动作用。

本书以 FDI 占 GDP（FDI/GDP）的比重衡量 FDI 对 GDP 的贡献度。分析图4-4 中 FDI 的贡献度走势可以发现，自 1991 年，河南 FDI 对 GDP 的贡献度开始

---

① 2021 年河南省统计年鉴；2021 年河南省商务运行情况分析；2021 年河南省国民经济和社会发展统计公报。

大幅上涨，且增速很快，说明这一时期河南利用外资对 GDP 的拉动作用不断增加。随后在 1995~2001 年总体呈下降趋势，这与当时政府投资主导的宏观经济政策相吻合。2002~2016 年，河南 FDI 对 GDP 的贡献度保持上升的态势，但 2017~2020 年略有下降。从总体上可以说，外资通过其资本效应对河南 GDP 的增长有促进作用。但鉴于 FDI 在 GDP 的占比绝对值较低，其对河南经济增长的贡献有限。

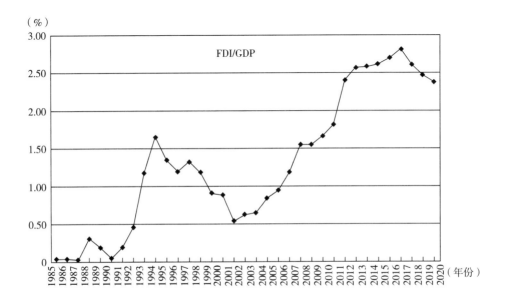

图 4-4　1985~2020 年河南 FDI 对 GDP 的贡献度变化趋势

资料来源：2021 年河南省统计年鉴；2021 年河南省商务运行情况分析；2021 年河南省国民经济和社会发展统计公报。

（二）外资对产业结构的影响

产业结构优化包括产业结构合理化和产业结构高度化两个方面，既要使资源在产业间合理配置、有效利用，还要不断推进产业结构向高服务化和高技术化发展。跨国公司拥有强大的技术优势和全球性的营销网络，可以为东道国带来新的生产设备、技术以及先进的管理经验，改善人力资本状况并带动资源在不同产业间的流动和重新配置，对东道国的技术进步和产业结构调整有着积极的促进作用。

根据雁阵理论，某一产业会从发达国家或地区转移到相对落后的国家和地区，从而提升落后国家和地区的产业结构，这种转移过程是通过 FDI 来实现的。但是，外商直接投资的目的往往是利用东道国廉价的劳动力和丰富的自然资源，这意味着东道国将处于跨国企业全球生产链的末端，FDI 带来的技术通常是低水平的或者存在技术溢出障碍的，那么当资源优势和劳动力比较优势不存在的时候，外资将会撤离，而东道国则可能因为过度依赖外资而造成产业结构失调，对产业平衡发展带来消极影响。

从表 4-6 中可以看出，2011~2020 年，河南省第一产业、第二产业、第三产业的外商新签投资项目分别累计为 164 个、1396 个和 1191 个，分别占项目总数的 5.9%、50.74% 和 43.36%；第一产业、第二产业、第三产业实际利用外资总量分别为 43.48 亿美元、1132.06 亿美元和 380.70 亿美元，占比分别为 2.79%、72.74% 和 24.47%。通过比较不难看出，河南省利用外资金额在三次产业间分布并不均衡，第二产业利用外资规模占比超过了 2/3，且实际利用外资金额总体呈上升态势。第一产业利用外资规模最小，且在 2018~2020 年还出现了明显下降。第三产业的表现相对稳定，尽管实际利用外资金额与第二产业还有较大差距，但从 2016 年起新签协议（合同）数开始超过第二产业，且有增长的趋势。分析深层次原因，河南省作为人口大省有着丰富的劳动力资源，因此外资青睐于选择进入投资少、周期短、收益见效快的劳动密集型初级制造业。对于投资周期长、自然风险高、见效慢的第一产业，外资进入意愿不强。

表 4-6 2011~2020 年外资产业分布情况 单位：亿美元

年份	第一产业		第二产业		第三产业	
	签订协议（合同）个数	实际利用外资	签订协议（合同）个数	实际利用外资	签订协议（合同）个数	实际利用外资
2011	16	4.73	225	71.25	114	24.83
2012	19	4.16	231	84.76	113	32.26
2013	19	4.43	210	96.22	115	33.91
2014	23	4.94	200	115.91	105	28.41
2015	22	5.12	151	124.69	99	31.05

续表

年份	第一产业		第二产业		第三产业	
	签订协议（合同）个数	实际利用外资	签订协议（合同）个数	实际利用外资	签订协议（合同）个数	实际利用外资
2016	18	2.87	83	133.27	95	33.79
2017	16	3.39	88	131.25	106	37.60
2018	12	2.71	84	124.50	120	49.20
2019	10	5.17	68	119.73	132	51.32
2020	9	5.96	56	130.46	192	58.33
合计	164	43.48	1396	1132.06	1191	380.70

资料来源：笔者根据历年河南省统计年鉴整理。

从外资固定资产投资产业分布情况来看，2010~2017年，河南第一产业、第二产业、第三产业的固定资产投资实际到位资金中利用外资的累计金额为21.17亿元、409.26亿元和102.95亿元（见表4-7）。第二产业依然占据绝对优势，外资对第一产业的固定资产投资非常有限。但纵向比较，外资在第三产业固定资产投资的增幅明显，2013年是2012年的3倍多，2016年、2017年也均出现了明显增长。

表4-7　2010~2017年外资固定资产投资产业分布情况

单位：亿元人民币

年份	第一产业	第二产业	第三产业	合计
2010	0.44	36.41	8.46	45.31
2011	0.64	31.35	6.99	38.98
2012	4.98	67.31	5.79	78.08
2013	1.75	66.37	18.76	86.88
2014	1.19	79.49	14.01	94.69
2015	0	35.69	10.86	46.55
2016	4.22	38.91	16.18	59.31
2017	7.95	53.73	21.90	83.58
合计	21.17	409.26	102.95	533.38

注：2019年后河南省统计年鉴中未统计该项指标。

资料来源：笔者根据历年河南省统计年鉴整理。

总的来说，河南作为一个农业大省，改革开放初期的产业结构中第一产业占有举足轻重的地位。20 世纪 90 年代开始，第二产业、第三产业增速不断提高，其中第二产业的制造业发展最快。外资的进入对河南产业结构的调整起到了一定的推动作用，促进了河南产业结构向资本、技术密集型转化。这种推动作用体现在缓解产业结构优化的资金压力、拉动固定资产投资、引导资源在不同产业间的流动和重新配置、促进技术进步等方面。但外商直接投资也加大了河南三大产业之间的失衡，第二产业的优势地位明显。尽管如此，外资近些年在河南第三产业内各行业的投资日渐多元化，新签协议（合同）数量占比不断提高。未来应继续加强对外资投融资领域的引导，发挥其对产业结构优化升级的积极作用，缩小产业间差距，减少结构性失衡，避免出现产能过剩。

（三）外资对技术创新的影响

外资对技术创新的影响主要是通过技术转移和技术溢出机制实现的。

1. 技术转移

跨国公司的技术转移一般采取内部化和外部化两种方式。内部化方式由跨国公司通过直接投资设立独资或多数控股的合资企业来实现；外部化方式则包括合作企业、特许经营、许可证交易、技术援助等。一般而言，通过内部化方式转移的技术比外部化方式更加先进，短期内可能具有更高的学习效率。但跨国公司"所有权优势"的存在，长期看可能会阻碍本土企业技术学习的进一步深化。

从表 4-8 中可以看出，2003 年以前，跨国公司在河南的投资主要是通过合资经营的方式进行。2004 年，独资经营方式首次超过合资经营方式，达到近 4 亿美元。随后，独资经营方式的投资额逐年保持显著增长，2017 年超过百亿美元。合资经营的投资额虽然也一直保持增长，但从 2006 年开始其与独资经营方式之间的差距越来越大。河南以合作经营方式进行的投资数额较小，并在曲折中缓慢上升，在 2011 年达到近 8.5 亿美元的峰值后出现了快速缩减，2018 不足 1000 万美元，虽然 2019 年和 2020 年有所恢复，但仍与高峰时期有一定差距。

专利申请数以及有效发明专利数的增长一定程度上反映了该地区技术水平的进步。从表 4-9 中的统计数据来看，河南专利申请数和有效发明专利数从 2006 年开始一直保持较高的增长速度，2020 年河南专利申请数和有效发明专利数分别是 2006 年的 16.9 倍和 42.6 倍，体现了河南技术水平的不断进步。这与 2006

表 4-8 1985~2020 年实际利用外资投资方式情况 单位：万美元

年份	独资经营	合资经营	合作经营
1985	0	541	24
1986	0	542	63
1987	31	244	192
1988	0	6268	168
1989	37	4199	30
1990	75	708	266
1991	294	3214	283
1992	717	9655	319
1993	5190	27338	1669
1994	7168	32008	3312
1995	5064	42121	796
1996	7543	36831	8192
1997	14096	30159	20480
1998	6198	36356	19240
1999	8185	32317	3025
2000	4459	27292	6248
2001	9510	20685	5666
2002	9860	29592	5713
2003	16628	32970	5911
2004	39866	36071	11430
2005	48312	54698	10267
2006	89313	81926	8702
2007	150935	97847	18572
2008	203739	94822	14715
2009	284554	163957	27023
2010	366770	191196	58545
2011	593537	322191	84563
2012	766291	368604	76373
2013	888056	411544	28321
2014	893738	537869	25846
2015	963356	536546	33182

续表

年份	独资经营	合资经营	合作经营
2016	989249	628254	10981
2017	1056063	575019	8140
2018	1089743	630272	733
2019	1117947	687365	16375
2020	1084571	754526	12565

资料来源：笔者根据历年河南省统计年鉴整理。

年以后跨国公司在河南独资经营方式占比不断提升的趋势相一致。而通过独资经营这种内部化的技术转移方式的技术转让效率要优于外部化方式，因此可以推断，外商直接投资产生的技术转让是河南企业获取新技术的一种重要途径，对河南技术水平的增长起到了推动作用。

表4-9　2006~2020年河南省发明专利情况　　　　单位：件

年份	专利申请数	有效发明专利数
2006	3761	1377
2007	4866	1719
2008	6480	2396
2010	9615	5359
2011	13172	7063
2012	15788	7626
2013	18095	9775
2014	21666	13124
2015	23762	17408
2016	28851	26151
2017	37805	32498
2018	44586	38719
2019	51033	49042
2020	63514	58687

注：2009年河南省统计年鉴中未统计此2项数据。

资料来源：笔者根据历年河南省统计年鉴整理。

2. 技术溢出

技术溢出是指非自愿地或有目的地克服市场信息问题而产生的外部性。外资的技术溢出效应主要通过五种途径对东道国技术创新产生推动作用：第一，示范—模仿效应。外资企业带来的产品、技术、管理和经营理念都会对东道国本地企业形成示范效应，通过直接模仿和改进，东道国企业可以实现"干中学"式的技术进步，并在此基础上开展进一步的技术创新。一般而言，跨国公司对东道国子公司的投入和技术溢出越多，东道国企业对学习的投入就越多，对溢出技术的吸收能力就越高。另外，本土企业还可以通过"逆向工程"来避开外资企业对其核心技术和先进技术的保护。第二，竞争效应。外资进入会加大市场竞争压力，促使本地企业加大研发力度，提高核心竞争力；东道国企业竞争力的加强又反过来迫使跨国公司转移更先进的技术，以维持自身在东道国的领先地位。第三，关联效应。根据在产业链中所处的位置，关联效应可分为后向关联和前向关联。后向关联是指跨国公司为了在东道国获得满意的原材料或半成品等，而对其供应商开展的流程优化，甚至提供技术支持和员工培训。跨国公司的技术越复杂，产业链越长，关联度越高，则跨国公司技术本土化的倾向越明显，技术溢出效应就越显著。前向关联对东道国本地企业更有益处。东道国本地消费者在使用外资企业的产品和服务时，跨国公司会提供相应的技术支持或培训，其中包含的操作、维护和性能等技术以及国际质量标准和市场趋势信息就会转移到东道国本地，且这种前向关联的溢出具有普遍性。第四，培训和人员流动效应。跨国公司在东道国进行投资，不但会提供管理人员及技术专家，还会对雇用的当地员工进行培训。通过形式多样的培训活动，当地员工会掌握外资企业先进的技术和管理理念。当发生人力资本流动时，他们在外资企业获得的技术就会溢出。除此之外，员工间的非正式交流容易导致隐含经验类技术知识的溢出，这类溢出在产业集聚区内更加明显。第五，研发国际化效应。20世纪90年代以来，跨国公司开始在全球范围内组建自己的研发网络，研发国际化倾向越来越显著。跨国公司与东道国进行研发合作与交流或进行研发外包，会对本土企业的技术创新活动产生很强的示范带动效应，有助于激发本土企业自身创新系统的活力。

就河南而言，首先，部分企业与跨国公司形成了产业链上的前、后向关联效应，通过员工培训、技术指导或外派学习，跨国公司的先进技术溢出到了关联的本地企业中，促进了相关企业和产业的技术进步。其次，为应对跨国公司带来的竞争，本地企业通过示范—模仿效应不断提升自身的技术、管理水平和创新能力。通过大规模利用外资，引进了一大批先进技术、关键设备和管理人才，加快了河南企业集成创新和引进消化再吸收，突破了一批关键技术，促进了相关产业的发展。最后，一些外资企业本地员工"跳槽"后，其在外资企业学习到的先进技术和管理经验会随着人力资本的流动而产生技术溢出。但河南长期以来引进的技术水平较低，且在跨国企业中从业的人数较少，外商直接投资技术外溢效应对河南经济增长的影响力在一定程度上受到了限制。

（四）外资对河南对外贸易的影响

外资对东道国的对外贸易存在直接和间接双重效应，这种影响主要表现在对出口和进口规模及结构的影响上。直接效应即跨国公司直接出口产品对东道国对外贸易的贡献，主要表现在：第一，跨国公司拥有的先进技术和全球化营销网络等使其产品具备更高的贸易倾向，出口潜力更大。第二，外资进入可加速东道国某些进口替代产业向出口产业的转换。第三，外资有利于提高东道国劳动密集型产品的质量，增加出口机会。第四，东道国企业通过合资加入跨国公司的全球分工网络，提升了高附加值产品出口的机会。间接效应即跨国公司的进入对东道国当地企业增加出口的贡献，主要表现在：首先，东道国企业通过跨国零售商和贸易公司增强了与国外市场的联系，推动本土企业成为间接或直接出口者。其次，跨国公司营销和生产技术等方面的外溢有助于提高国内企业的出口竞争力。最后，FDI还可以产生所谓的"市场进入外溢"。外资企业是外国市场和技术信息的天然渠道，它们的活动增加了东道国企业进入世界市场的可能性。

改革开放以来，随着外资的流入，河南的对外贸易额迅速增长，外商投资企业进出口额在总进出口额中的比重不断攀升。从表4-10中可以看出，2005年，河南实际利用外资金额为12.30亿美元，外资进出口额占总进出口额的比重为19.41%。2009年，河南实际利用外资金额为47.99亿美元，外资进出口额占总进出口额的比重为27.96%，比2005年上升了近10个百分点。从2010年开始，河南实际利用外资的增幅加大，从62.47亿美元增加到2020年的200.65亿美元，外资进出口额占总进出口额的比重随之出现了显著增长。2020年，河南实际利用外资金额继续保持增长，虽然外资进出口额占总进出口额的比重出现了略微下降，但依然保持在 66.96% 的较高水平。由此可见，外商直接投资对河南进出口保持着正向的推动作用。分析原因不难发现，河南作为中国中部地区的农业大省和人口大省，经济发展水平相对落后，本土企业与国际市场对接力度不强，市场竞争力较弱，外资进入河南更多看重的是相对廉价的劳动力，外资企业产品具有较高的贸易倾向。富士康工厂落户郑州就是一个典型的例子。与此同时，外资较多进入劳动密集型制造业导致河南出口大多为低附加值产品，因此，外商直接投资对河南贸易的影响更多地体现在量的方面，出口质量并不高。

表 4-10 2005~2020 年河南直接利用外资与进出口额比较

年份	实际利用外资额（亿美元）	进出口总额（亿美元）	外资进出口额（亿美元）	外资进出口额占总进出口额的比重（%）
2005	12.30	77.3604	15.01	19.41
2006	18.45	97.9594	18.38	18.77
2007	30.62	128.0493	25.85	20.19
2008	40.33	174.7934	32.02	18.32
2009	47.99	134.3839	37.57	27.96
2010	62.47	177.9157	45.18	25.39
2011	100.82	326.4212	149.81	45.9
2012	121.18	517.5027	399.28	77.15
2013	134.57	599.5687	337.82	56.34
2014	149.27	650.3288	444.81	68.4
2015	160.86	737.8063	515.91	69.93
2016	169.93	712.2554	478.98	67.25
2017	172.24	776.1339	532.06	68.55
2018	179.02	828.1923	538.34	65
2019	187.27	824.45	562.42	68.21
2020	200.65	972.05	650.90	66.96

资料来源：笔者根据历年河南省统计年鉴整理。

（五）外资对河南省就业的影响

外资对东道国就业的影响主要包括创造效应和挤出效应。首先，外资流入增加一般会带来就业岗位增加，但外资进入带来的竞争可能会挤垮本土企业从而造成失业。其次，外资流入劳动密集型行业一般会带来雇佣员工增加，从而提升就业水平，而流入技术密集型行业则可能降低就业水平。最后，外资企业的进入会促进东道国关联企业和配套企业的发展，从而提高就业水平。因此，外资企业对东道国就业的影响取决于创造效应和挤出效应的比较。

通过表 4-11 可以发现，1999~2020 年，河南实际外商直接投资从 49527 万美元上升到 2006476 万美元。同期，外商投资企业就业总人数从 15 万人上升到 2015 年的峰值 76 万人，随后出现下降。可以看出，2010 年以前，外商投资企业就业人数绝对值变化不大。从 2011 年开始，随着河南省实际利用外资金额大幅增长并首次突破 100 亿美元，外商投资企业就业人数也出现翻番，在全省就业总人数中的占比也出现小幅增加。2017 年以前，河南实际利用外资金额和外资企业就业总人数有着同方向的增长关系。从 2017 年开始，河南省实际利用外资金额继续保持小幅增长，但外资企业就业总人数出现明显下降。通过前文的分析我们知道，进入河南的外资主要集中在第二产业，尤其是劳动密集型制造业，由此可以推断，2017 年之前，外资创造的就业机会也主要集中在这些领域。因此，外资进入对河南就业水平的提高有着一定的促进作用。但从 2017 年开始，外资在河南省服务业的投资开始表现出明显的上升趋势，而在制造业的投资则开始出现明显的下降趋势，由此带来了就业人数的萎缩，外资对河南省就业的推动作用减弱。整体上看，由于河南是人口大省，外资企业就业总人数在全省就业总人数中的占比绝对值较低，外资企业在河南经济结构中的占比也很小，所以外资对河南就业的拉动作用并不明显。

表 4-11　1999~2020 年河南外资企业就业总人数及比重

年份	实际利用外资金额（万美元）	外资企业就业总人数（万人）	全省就业总人数（万人）	外资企业人数占全省就业人员的比重（％）
1999	49527	15	5205	0.29
2000	53999	16	5572	0.29
2001	35861	13	5517	0.24
2002	45165	13	5522	0.24
2003	56149	14	5536	0.25
2004	87367	15	5587	0.27

续表

年份	实际利用外资金额（万美元）	外资企业就业总人数（万人）	全省就业总人数（万人）	外资企业人数占全省就业人员的比重（%）
2005	122960	15	5662	0.26
2006	184526	18	5719	0.31
2007	306162	21	5773	0.36
2008	403266	20	5835	0.34
2009	479858	21	5949	0.35
2010	624670	23	5156	0.44
2011	1008209	44	5129	0.85
2012	1211777	36	5110	0.70
2013	1345659	73	5094	1.43
2014	1492688	73	5082	1.44
2015	1608637	76	5082	1.49
2016	1699312	71	5052	1.41
2017	1722428	69	5029	1.37
2018	1790214	48	4992	0.96
2019	1872727	48	4934	0.97
2020	2006476	54	4884	1.10

资料来源：笔者根据历年河南省统计年鉴整理。

第二节　我国部分省份引资政策分析

本小节选取部分省份，分别对这些省份政府近年来为吸引外资所出台的新举措进行分析。

一、上海市利用外资新举措

为进一步优化营商环境，增强招商引资竞争力，上海积极推进外资管理体制机制改革，优化利用外资政策，不断释放制度红利和政策红利。

（一）投资制度创新取得实效

上海紧紧围绕改革创新系统集成的要求，继续深化在市场准入管理、商事登记、贸易便利化、"双自联动"等方面的制度创新，进一步激发市场活力和创新动力。坚持高标准的国际投资贸易规则，继续完善自贸区设立前国民待遇加负面清单的外商投资管理模式，并在全国范围内复制推广。自2013年实施负面清单后，总条文数达到了190条，截至2021年，负面清单已经缩减至27条。以临港新片区为例，2019~2021年地区生产总值年均增长21.3%，规模以上工业总产值年均增长40.2%，全社会固定资产投资年均增长43%，洋山特殊综合保税区年均增长28%。2019~2021年，临港新片区初步建立了以关键核心技术为突破口的前沿产业集群。除智能汽车外，"东方芯港"建成国内最完备的集成电路制造、设计、材料、设备等全产业链生态；"大飞机园"精准集聚民用航空高端资源和创新要素……自临港新片区揭牌以来，前沿科技产业累计签约项目超300个，涉及总投资超4200亿元①。

临港新片区初步形成了以"五自由一便利"为核心内容的制度体系。贸易自由方面，建设全国唯一的洋山特殊综合保税区，培育保税研发、保税维修、保税制造、保税展示交易等创新业态；投资自由方面，成立全国首家外资控股的合资理财公司、首家跨国金融集团独资的金融科技公司，开展高水平中外合作办学；资金自由方面，率先开展跨境贸易投资高水平开放外汇管理改革试点，放宽跨境投融资币种匹配要求和非金融企业境外放款规模；运输自由方面，率先开展外资班轮公司非五星旗国际航行船舶沿海捎带业务，建设洋山国际中转集拼公共服务中心，设立东北亚空箱交换中心；人员从业自由方面，率先探索建立电子口岸签证机制，实施外籍人才最长5年工作类居留许可；数据便利方面，完成全国首家车企数据跨境流动安全评估，并设立智能网联汽车数据存证中心。

（二）不断拓展投资促进网络

在网络架构方面，上海投资促进工作不断巩固内外两张网络，对外加强与各种国际组织及境外机构、企业及相关服务中介的交流，获取投资信息，寻找合作

---

① 上海自贸区临港新片区成立三年来——"五自由一便利"制度创新见成效［EB/OL］．http：//www.ce.cn/xwzx/gnsz/gdxw/202208/21/t20220821_38042966.shtml.

空间；对内加强与各区、开发区的沟通与走访，掌握最新的区域产业规划、土地情况、政策动向等，为外资项目的顺利落户提供保障。

注重利用国际力量，通过国际专项组织更好利用全球资源优势。上海与联合国贸易和发展会议（UNCATD）等国际组织一直保持良好的信息沟通，为上海投资促进工作引入新的全球动力。另外，上海各相关部门、机构与境外多个同类型政府部门及机构签署多份备忘录，保持密集走访与接待各区域机构，从而维护网络日常运作。

（三）设立吸收外资能力建设中心

提高信息化建设水平，做好对外投资跟踪工作，核心是人。能力建设中心的主要目标是提升招商团队的专业能力，包括线上知识中心和线下培训平台。一是建设外商投资促进知识中心。通过在线信息系统分享外商投资政策文件、招商知识和招商项目案例，招商人员可以对投资趋势和行业专业领域进行热点分析和研究，独立提高投资推广的专业能力。二是促进专业人才的培养。通过短期培训、临时培训等方式开展招商团队建设。上海市商务委员会每年组织全市招商引资人员短期培训班 4 期，并以招商引资服务专家讲座、现场授课等形式开展强化培训。同时，根据工作需要，不定期选派优秀招商人员到市招商机构进行临时培训，在实战中提高专业水平。

（四）进一步完善畅通政企合作机制

第一，逐步完善圆桌制。根据外商投资企业的需求和外商投资相关政策的出台，围绕不同议题举行了圆桌会议，并邀请上海市外商投资领导小组有关单位参加会议，对政策进行解读，听取企业的意见和建议。目前，圆桌会议已经有超过 10 个部门，包括上海市人力资源和社会保障局、上海市食品药品监督管理局和上海市经济和信息化委员会等，主题包括"外国人来华就业许可""医药创新""中国制造 2025"等。第二，进一步加强重点外商投资企业联络制度。根据企业类型、功能、社会贡献等标准，结合高能量实体、高新技术企业、高端品牌等"三高"企业和新兴企业，确定重点企业，明确联系，并配备专门人员，促进投资环境的不断改善。第三，建立和完善外商投资权益保护机制。在现有上海外商投资企业投诉协调机制的基础上，进一步建立和完善联系机制。上海市商务委员会召开了会议，各有关委员会办公室指定了联络人。各区明确了投诉机构、负责人和联络人，以协调解决外商投资企业反映的权益保护问题，制定外商投资权益保护工作流程图，规范窗口接待、登记分配、初步审核、协调处理、汇总反馈、材料备案等内部流程，并规定办理时限，促进外商投资权益保护朝着规范化、流程化、及时化的方向发展。

二、浙江省利用外资新举措

为了推动浙江省经济、社会全面发展，浙江省始终坚持高质量、稳定、综合利用外资的方针。2021 年浙江省新设立外商投资企业 3547 家，实际使用外资 183.4 亿美元，同比增长 16.2%①。"稳定外商投资"取得了显著成效。

（一）推动保障升级，完善政策体系

浙江召开全省对外开放工作会议，提出全省对外开放十项措施，出台了一系列 "1+X" 政策。为贯彻落实国务院关于外商投资的新政策，出台了《浙江省人民政府关于促进外商投资增长的若干意见》《关于扩大对外开放积极利用外资的实施意见》。对重大工业用地项目制定 2 亿元专项奖励政策。2018 年被媒体誉为浙江省 "历史上对外投资政策最强的一年"。完善的外商投资政策已成为浙江省吸引外商投资的重要保障。

（二）推动服务升级，着力克难攻坚

为解决重大外商投资项目落地过程中遇到的困难，浙江省为企业提供了三种服务模式：一是充分发挥省级领导小组的协调作用，为企业提供一揽子服务，例如，帮助星巴克解决了因股权变化引起的相关注册变更问题。二是对需报批的项目提供管家式服务，例如，浙江政府有关部门密切关注舟山波音有限公司的建设进度，全程指导企业通过各项审批流程，第一架波音 737 飞机已于 2018 年底如期交付。三是为企业提供面对面的服务，50 多家外商投资企业与浙江省级领导和浙江省级有关部门进行了面对面交流，帮助企业解决投资经营过程中遇到的疑难问题。政府服务模式的多元化、专业化进一步增强了外商投资浙江的信心。

（三）推动平台升级，集聚高端资源

浙江省开放会议明确指出，湖州、嘉兴要率先建设高质量的外商投资试验

---

① 2021 年浙江省外商直接投资简析［EB/OL］.［2022-02-14］. http：//zscom. zhoushan. gov. cn/art/2022/2/14/art_ 1228969091_58900995. html.

区。为此，浙江省积极规划推动嘉兴引进高质量外商投资，并提出了促进湖州建设高质量外商投资集群试验区的实施建议。浙江省是国内率先建设海外并购产业园的省份，积极推进台州、绍兴、义乌等海外并购产业园建设，突出了其民营经济发达的优势和"走出去"的强大实力。

（四）推动载体升级，提高活动成效

为加快"一带一路"建设，在商务部的指导下，浙江举办了第三届中国—中东欧国家促进经贸部长级会议和第四届中国—中东欧国家投资贸易博览会，此次投资贸易博览会上中东欧特色商品展受各国企业追捧，参展企业257家，展位数310个，展览面积达8000平方米，比去年增加了40%[①]。

（五）推动手段升级，加快创新发展

加强信息技术应用，大力推进"数字+投资"。为满足基层投资需求，开发建设了浙江省外商投资项目全过程跟踪系统，为重点外商投资项目在吸引、落地、生产等阶段提供全过程跟踪服务，加快项目落地进程，落实地方对外商投资企业审批项目的受理工作，清理相关行政审批项目，实现外商投资登记和工商登记的"一次性"。

三、四川省利用外资新举措

四川明确提出将继续提高对外开放的地位，开放型经济将引领中西部。四川省突出开放平台的示范作用，改善投资环境，大力引导外商投资高新技术产业、先进制造业和生产性服务业，成功引进了英特尔"骏马"、京东方第6代LTPS/AMOLED生产线项目、灵生科技等一批重大产业项目，有效推动了经济社会发展、产业转型升级，推动了实际利用外资呈现"速度加快、数量和质量兼顾"的良好发展态势。

（一）强化招引力度扩大外资规模

打造活动品牌，形成"常态效应"。四川根据自身特点，打造国际化品牌和专业合作平台。举办错位、频繁、新颖的招商活动，打造"叫得出、打得响"

---

① 第四届中国—中东欧投资贸易博览会7日浙江宁波开幕［EB/OL］．［2018-06-06］．http：//news. takungpao. com/mainland/topnews/2018-06/3575648_ wap. html.

的品牌。连续多年举办四川省文化和旅游发展大会、中国西部博览会等重大展会和招商引资活动，举办川粤、川浙、川港等 17 个专项招商引资活动。同时，围绕"5+1"现代产业体系和 16 个重点产业，在重大招商活动中推出了上千个产业投资项目。

加强产业链研究，推进"补链招商"。四川省组织力量，对电子信息、装备制造、能源化工、食品饮料、先进材料等重点产业开展产业链研究工作，从招商引资的角度针对性研究四川省优势产业链短板和缺失环节，指导各地结合当地资源禀赋、产业基础和特色优势，重新审视产业定位，瞄准上下游和关联配套企业开展强链、补链、扩链招商。近年来，在电子信息产业领域，德州仪器、思科、富士康、康宝、纬创、联想等重大项目和配套企业相继成立，引领四川成为中国四大区域性电子信息产业基地之一。在汽车制造领域，一汽丰田、一汽大众、吉利沃尔沃、现代汽车等知名汽车企业和汽车零部件生产企业齐聚一堂，形成了以成都为中心，绵阳、资阳、成渝经济走廊沿线城市为配套聚集带的汽车制造业格局。油气化工吸引了壳牌、巴斯夫、林德燃气、雪佛龙、空气化工等知名企业投资天然气勘探开发及配套产业。

（二）加强统筹谋划聚焦提质增效

对外资来源地进行深入分析，在增长潜力较大的欧洲、日本、韩国、新加坡等国家和地区，因地制宜开展电子信息、汽车制造等专题性投资促进活动，吸引外商投资企业在四川进行投资合作。巩固外资引进"主阵地"，落实四川省委、省政府主要领导出访港澳地区成果，如川港合作会议机制、投资推广合作谅解备忘录等，促进川港澳在更宽领域、更深层次开展交流合作。深化西向开放，有序推进中法成都生态园、中德创新产业平台建设，促进宝马出行服务等一批高端外资服务业项目落户四川。

突出项目实施。建立重大项目常态化联系制度，推进待谈项目早签约、承包项目早实施、落地项目早开工；充分发挥四川省重大引进项目协调推进领导小组作用，协调解决重大项目落地增资、增股过程中遇到的困难和问题，加快推进项目进度，提高重大投资，促进工程承包履约率；实施"签约、落地、投入运营、创效"全过程跟踪服务，监督全省平台活动签约项目。

（三）夯实产业承接能力

突出自贸试验区外资集聚的优势地位。挂牌以来，四川自贸试验区取得高位开局、强势布局态势。改革试验任务有力推进，紧紧扭住制度创新、协同开放、差异试验"三大任务"。《中国（四川）自由贸易试验区总体方案》159 项改革试验任务实施率超过 95%，完成率达到 80%，初步实现"一年有成效、两年上台阶、三年达目标"要求。制度创新取得重大突破，制度创新有 500 多项，其中 49 项已上报国务院部际联席会议。全国复制推广 10 余项、省级复制推广 29 项、多式联运一单制、公证员"最多跑一次"、中欧货物列车整编、生产企业出口退税服务等成果产生广泛影响。2018 年，四川自贸试验区推出 600 余条支持政策，梳理形成"黄金政策 48 条"。中央赋予的 159 项改革任务实施率达到 95%，形成 350 个实践案例和创新经验，"企业开办小时清单办结制"受到国务院督查表扬。累计新增企业 5.3 万家、注册资本 7600 亿元，外商投资企业 628 家，进出口 947 亿元。自贸试验区以不足全省 1/4000 的面积，引进全省近 1/2 的新设外资企业，贡献了近 1/10 的货物进出口和 1/20 的新增市场主体[1]。

（四）国家级经开区建设加快推进

在国家级经开区层面，四川印发了《全省国家级经开区推进创新发展深化国际合作工作要点》，结合《关于推进四川省国家级经济技术开发区创新提升打造改革开放新高地的意见》，加快拟定推进四川省国家级经开区创新提升的实施意见。在国际合作园区层面，已牵头建立国际合作园区联席会议制度，加快出台指导四川省国际合作园区建设的系列配套文件（指导意见、发展规划和评定考核管理制度）。以重大项目为抓手，提升园区利用外资质量。促成世界 500 强美国百事公司首个在中西部地区生产基地项目落户德阳经开区，推动成都经开区中德智能网联汽车四川试验基地开工建设。2020 年，商务部组织的全国国家级经开区综评结果显示，四川国家级经开区总体呈现"四升一稳三降"的态势。其中，成都经开区第 18 位，上升 1 位，继续保持全国 20 强；宜宾临港经开区第 35 位，上升 11 位，首次进入全国前 40 位；绵阳经开区第 68 位，上升 2 位；广安经开区第 71

---

① 陈利. 四川自贸试验区建设实现引领性强势布局［EB/OL］.［2019 – 02 – 15］. https：//www.sc.gov.cn/10462/10778/50000821/2019/2/15/dad7b603dfd743bea425554a51cd3ae9. shtml.

位，上升 17 位；遂宁经开区第 84 位，不升不降；德阳经开区第 59 位，下降 19 位；广元经开区第 101 位，下降 12 位；内江经开区第 162 位，下降 57 位①。

（五）强化政策保障促进投资环境提升

加大财政支持力度。四川省通过财政资金支持，引导外资在四川省设立制造业鼓励类目、区域总部和功能性机构等重点项目，近年来，四川省对伊藤洋华堂电商、志超科技、陶氏化学等企业给予资金支持。成都市实施国际贸易和投资优化升级"六项计划"，对新引进注册的跨国公司地区总部给予开办经费支持。对外资重大项目签约、注册、开工、投产、运营全程专班、专案服务，对鼓励类外商投资总额在 5000 万美元（含）及以上的项目，按当年项目实际到位资金的一定比例进行奖励。

加强投资项目用地保障。外商投资企业和境内企业均可享受相关的土地政策。推进四川省级重点项目用地规划，省级支持 70%，地方支持 30%。闲置工业用地出让的最低标准可为国家工业用地出让最低价格标准的 10%～50%。鼓励土地集约利用的工业项目优先供应土地，土地出让最低价不得低于国家和地方土地出让最低价标准的 70%。现有工业地产可用于开发生产性服务和公共创新空间，土地可按照原有用途和土地所有权类型在 5 年内继续使用。

拓宽国内外融资渠道。外商投资企业可依法在主板、中小企业板或创业板、成都（川藏）股权交易中心或新三板上市，利用债务融资工具在银行间市场融资。对符合条件的企业，通过债权、股权、资产证券化产品等融资方式进行贴息、奖励和补贴。充分发挥中长期境外融资对稳定外商投资的重要作用，积极支持信用良好、偿债能力强的省级企业进入国际资本市场，通过借入国际商业贷款开展中长期境外融资，发行外债，筹集低成本海外资金，支持企业国内外项目建设。

降低生产要素和物流成本。将四川境内符合条件的投资企业纳入全省雨季富余供电、直购电等政策的实施范围，推进对大型天然气用户和工业园区企业的"直供"，建立公路收费与建设项目、服务质量挂钩的动态调整机制，落实铁路

---

① 陈碧红. 最高升位 17 名，最低降位 57 名! 去年四川国家级经开区全国排名差距有点大［EB/OL］.［2021-03-18］. https：//baijiahao. baidu. com/s？id=1694536029423176283&wfr=spider&for=pc.

等运价优惠政策。

（六）注重投资促进服务体系建设

坚持外商投资及项目运行联席会议。2016 年以来，四川省坚持每年举办外商投资及项目运行联席会议。2018 年，四川省与美国商会合作举办四川省创建一流营商环境座谈会，并在中国西部国际博览会期间举办"改革开放 40 周年跨国公司投资合作圆桌会"，组织省级相关职能部门与外资企业面对面座谈会，多方面提升投资环境。

坚持畅通企业投诉渠道。充分发挥四川省减负办和外商企业投诉中心作用，查处侵犯外商合法权益的行为，切实维护外商投资企业的合法权益。开展"进万家、解决问题、提供服务、促进发展"活动，妥善解决投资者的合理需求。通过省、市、县三级联动，解决问题 100 余个，推动有效解决富士康、京东方、捷普等项目人员招聘、设备运输等问题，有效增强了企业对四川发展的信心和决心，进一步推动企业发展，改善优化营商环境。

坚持宣传外企经济贡献营造舆论环境。四川省多年坚持编制《外商投资企业发展报告》及"三类"百强外商投资企业名录，通过新闻媒体深入宣传外商投资企业对四川经济社会发展贡献，营造良好亲商、护商舆论环境。

第三节　我国制度型开放的现状
——基于自贸试验区的视角

推动高质量发展必须推进高水平对外开放。党的二十大报告提出，稳步扩大规则、规制、管理、标准等制度型开放。这是党中央结合国内外发展新形势，顺应全球化发展新趋势及深化中国与世界合作而提出的战略谋划，制度型开放成为推进高水平对外开放的出发点和落脚点。本节内容主要从我国制度型开放的桥头堡——自贸试验区的创新实践入手，与高标准国际规则进行对照分析，找差距、找短板、找制约因素，通过制度型开放实践的适配性分析，研判制度型开放战略在自贸试验区建设过程中的重要性和紧迫性。

一、自贸试验区制度型开放的创新实践与探索现状

自贸试验区制度型开放的实践经验和主要成效主要体现在自贸试验区对标国际经贸新规则方面，在投资、贸易、金融、事中事后监管等领域深化改革探索，破解深层次矛盾和结构性问题，制度创新取得显著成效，商事制度改革、跨境电商、多式联运、商品期货、要素市场改革、产业链供应链融合等领域制度创新成果丰硕。

（一）探索制度型开放的新模式

1. 全面推广投资管理的新模式：准入前国民待遇加"负面清单"

上海自由贸易试验区成立后，首次将准入前国民待遇加负面清单引入我国投资领域，指出自贸试验区应当对外商投资实行准入前国民待遇加负面清单管理制度，负面清单之内，符合自贸试验区发展实际的特殊投资项目，自贸试验区可以在人民政府支持下争取国家的特别授权或者审批豁免。随后成立的各地自由贸易试验区为扩大投资自由度，全面落实"非禁即入"的外资准入机制，积极探索"标准制+承诺制"的外商投资制度，在风险可控的前提下试行告知承诺制，推进外商投资主体在领取营业执照的同时即可依法开展投资经营活动。

2. 政府行政模式的新探索：放管服改革，依法行政，法治型政府

以河南自贸试验区为例，其成立后河南省政府向自由贸易试验区第一批下放455项省级经济社会管理权限，充分释放自贸试验区在自主决策、制度创新、探索实践等方面的空间和活力。郑州片区将105项涉及中央事权、55项涉及省级事权以及96项郑州市确定的改革事项，梳理形成256项改革创新试点任务。开封市政府向开封片区一揽子下放2358项市级经济管理权限，探索推进省、区、市三级经济管理权限集中审批、集中监管。洛阳片区对照1494项市级权限，逐项研究，梳理权责清单、优化审批流程，交由自贸区统一行使。

全面提高政务服务能力，建设智慧政务服务新平台，推出"自贸通""指尖上的政务""e证通""郑好办""豫事办"等政务服务平台。例如，在优化进境动植物检疫审批流程方面，三个片区全部实现检疫审批全流程无纸化办理，审批时限由10个工作日缩短为5个。口岸验核监管证件全部实现联网核查，实现7×24小时通关常态化，巩固压缩整体通关时效。探索了"空检铁放""铁检铁放"

"空检空放"等新型监管模式，明确可以先行运输小批量进口样品实施检验，大幅提高了政务服务能力。以进口食品为例，通关时间可以缩短80%。

3. 改革开放模式的新探索：深水区改革

全球数字治理规则，特别是数字科技的技术标准、人工智能伦理、数据和数字贸易、供应链安全、信息操纵等问题正在成为大国博弈的焦点。在数字贸易领域，美国极力推进跨境数字贸易的自由便利，促进企业自由创新。中国力求兼顾安全与发展两方面的利益，实现高质量发展与高水平安全的动态平衡。欧盟致力于打造单一数字市场，强调数字主权和对个人数据保护的绝对优先性。日本和新加坡则力图对接兼容美欧数字治理模式，倡导数字贸易合作。各国数字贸易治理模式的差异，使国际数字贸易协定谈判分歧的议题范围十分广泛，涉及跨境数据流动、数字知识产权保护、隐私保护等诸多议题。全球数字治理领导权之争日趋激烈，造成了全球互联网和数字经济分裂的风险，亟待制定相应的国际规则来规范国家间的互动，促进全球数字经济包容性和均衡发展。作为数字经济第二大国，中国需要积极参与全球数字治理，基于中国国情和利益提出数字治理主张，推动形成和完善全球数字治理规则。

数字政府建设能够大幅提高政府运行效率和服务水平，是未来政府治理变革的必然趋势。英国是最早推进政府数字化的国家之一，早在2012年就推行实施《政府数字战略》并发布《政府数字包容战略》《政府转型战略（2017-2020）》《数字服务标准》等文件，通过数据驱动政府转型与创新，应对数字政府建设中面临的基础设施、业务流程、领导战略、人才招揽等问题，持续推进政府数字化转型。

欧盟通过数字政府建设为企业和居民提供了诸多便利。《2020数字经济与社会指数》显示，欧盟以在线方式提交的行政审批表格平均占比为67%。预计到2030年，欧盟所有重要行政文件均可网上完成，所有欧盟公民可以在网上查阅就诊档案，80%的公民可以使用电子身份证[①]。

中国高度重视数字政府建设。国家"十四五"规划纲要指出，将数字技术广泛应用于政府管理服务，推动政府治理流程再造和模式优化，不断提高决策科

---

① 欧委会. 2020年数字经济与社会指数报告［R］. 2020.

学性和服务效率。"十三五"以来，中国数字政府建设成绩斐然。一是高度重视顶层设计，对数字政府建设的目标、途径和任务进行了全面部署。二是加快推动政府治理数字化改造，最大限度打破部门数据壁垒，促进政府治理流程再造。三是打造政企合作模式，充分发挥企业在资本、技术、运营方面的优势，完善建设和运营能力。

（二）构建制度型开放的新体制

以河南自贸试验区为例，其在党中央和国务院相关文件和规章制度的引领下，制定了《中国（河南）自由贸易试验区建设实施方案》《中国（河南）自由贸易试验区管理试行办法》，出台了《中国（河南）自由贸易试验区建设重大改革专项总体方案》，以及政务服务、监管服务、金融服务、法律服务、多式联运服务五大改革专项方案。颁布了《中国（河南）自由贸易试验区条例》《关于推进中国（河南）自由贸易试验区深化改革创新打造新时代制度型开放高地的若干意见》。河南自贸试验区基础制度体系建设基本成型，形成总体方案引领、建设实施方案和管理试行办法统筹、片区实施方案落实、五大服务体系支撑、专项配套政策合力支持、"意见"推动、"条例"依法保障的自贸试验区制度框架体系。

河南还出台了《中国（河南）自由贸易试验区仲裁规则》，印发了《关于加强知识产权审判领域改革创新若干问题的实施意见》，推动制定了《涉自贸区民商事案件审判指引》《涉外、涉港澳台刑事案件办理指南》等，旨在增强商事主体投资创业的信心，积极引导解决自贸区发生的商事纠纷。为加强知识产权保护，郑州片区协同制定实施《关于建立知识产权行政与司法协同保护机制的意见》，形成司法审判、快速维权、纠纷调解等知识产权纠纷多元化解决机制。2022年8月19日，河南自贸试验区郑州片区国际商事争端预防调解中心揭牌成立，全面推动涉外矛盾纠纷源头化解。河南省贸促会调解中心和自贸试验区郑州片区人民法院现场签署了《关于开展涉外、涉港澳台商事纠纷诉调对接工作合作框架》。一系列配套制度的出台，为各类市场主体投资兴业提供了法律保障。当下，以河南自贸试验区建设领导小组办公室名义印发的《贯彻落实〈河南自贸试验区条例〉实施方案》，以河南省政府办公厅名义印发的河南自贸试验区《促进制度创新试行办法》《开放创新联动区建设实施方案》，标志着河南自贸试验

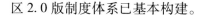

区 2.0 版制度体系已基本构建。

（三）打造制度型开放的新高地

各自贸试验区出台政务、监管、金融、法律等改革方案，着力构建商事简便、快捷高效、一次通办的政务服务体系，通关便捷、安全高效、一单关检的通关监管服务体系，多元融资、服务高效、一体联控的金融服务体系，机制健全、仲调结合、一律平等的法律服务体系。

在投资领域上，以投资便利化为改革目标，着力进行投资审批并联化、投资业务在线化、投资事项标准化、投资手续精简化。在货物贸易上，以贸易便利化为改革目标，在报关通关、检疫检验、装船前检查、边境措施等方面精简办理手续、缩短办理时间、简化办理程序，以无纸化、信息化、一站式、一码式、一次性等措施来便利货物贸易，提高交易效率，降低交易成本。在金融创新领域上，进一步降低外资准入门槛，实现金融市场扩大对外开放，推动实现金融机构外资持股比例放宽和外资金融机构业务经营范围进一步拓宽。在事中、事后监管领域上，对标国际先进监管和技术性标准，提升监管透明度，促进相关监管举措形成文件并向公众公开，保证监管机构向公众提供获取有关监管措施信息的渠道，并在可操作条件下可以在线获取。创新事中、事后监管模式，运用大数据、人工智能、云计算等数字技术，加强对风险的跟踪预警，深入评估可能出现的风险和问题，积极探索运用信息化手段应对，有效提升风险防控水平。

二、自贸试验区与高标准国际规则的对标分析

国际经贸规则是指各大经济体参与全球贸易投资中所需要共同遵循的规定和条约。换言之，国际贸易投资规则的载体就是某个区域乃至全球各国共同协商签订的国际贸易、投资协定。国际经贸规则有广义和狭义之分。广义上，国际经贸规则指的是国家或地区之间开展经贸行为所需要共同遵守的规章制度。就规则层次而言，既包括全球范围内的多边规则，也包括诸边、区域、双边等层次的规则。就制定和实施规则的主体而言，既包括国家行为体，也包括一些非政府组织、行业协会、企业等，因为后者作为国际经贸规则得以实施的微观基础，对国际经贸规则的形成与发展同样产生影响。狭义上，国际经贸规则指的是通过关税及贸易总协定（GATT）／世界贸易组织（WTO）、区域贸易协定等渠道确立起来的多边、诸边和区域性的经贸规则。

（一）应优先对标的高标准国际经贸规则——WTO 一揽子协议

1. 1995 年生效的乌拉圭回合成果

目前，WTO 框架下已经达成协议的规则体系涉及货物贸易、服务贸易、与贸易相关的投资措施以及知识产权措施等领域。WTO 的规则体系成为后来区域或双边自由贸易协定的范本和基础，很多货物贸易规则被直接纳入后来的贸易协定之中。

WTO 规则可以分为两大类：第一类指的是在 WTO 已形成的规则基础上进一步提高承诺水平，例如，进一步削减关税、放开服务贸易限制等；第二类指的是尚未被多边层次广泛确认并接受的规则，例如，环境、劳工、国有企业、电子商务等。其中，环境保护、政府采购、竞争政策、电子商务等议题也被称为"21世纪新议题"。随着《全面与进步跨太平洋伙伴关系协定》（CPTPP）等新一代自由贸易协定谈判的启动，这些新议题也被各国积极考虑纳入谈判，并且逐步成为更高标准的国际经贸规则的核心。

我国已经全面履行加入世界贸易组织的承诺，模范遵守世界贸易组织的各项规则。我国现有的双边或多边区域自由贸易协定，在市场的开放程度和准入的便利化程度上早已超过世界贸易组织规则。但是，世界贸易组织的系列规则仍然是当今全球贸易规则的有效主框架，也构成了后来多边区域贸易协定的范式和基础。所以我们仍将严格遵守和继续维护以世界贸易组织规则为核心的全球多边贸易规则体系。

2. 2017 年生效的《贸易便利化协定》

《贸易便利化协定》（TFA）不仅是 WTO 成立以来的首个货物贸易多边协议，更是全球第一个以海关事务为主要内容、具有法律约束力的多边协议，对简化海关及口岸通关程序、促进贸易便利化做出了全面规定。2015 年 9 月 4 日，中国国务院作出接受世界贸易组织《贸易便利化协定》议定书的决定。对我国企业而言，进出口货物将变得更加便利。例如，《贸易便利化协定》要求成员公布进出口程序信息，我国企业能够从互联网快速获取进口国海关程序要求；《贸易便利化协定》还允许贸易商在货物抵港前向海关等口岸部门提交进口文件，并在货物的税率和费用最终确定前，允许贸易商在提交保证金的情况下放行货物等，这些措施都将有助于加速货物的放行和结关。此外,《贸易便利化协定》还规定成员应尽可能采用风险管理和后续稽查等管理手段,加速对低风险货物的放行,并对经认证的贸易商提供降低单证要求和查验比例等额外的贸易便利化措施。

(二)　应优先对标的高标准国际经贸规则二——RCEP 系列规则

国际经贸规则的最新成果应当属于《区域全面经济伙伴关系协定》(RCEP),RCEP 的目标不仅是消除内部贸易壁垒、创造和完善自由的投资环境、扩大服务贸易,还将涉及知识产权保护、竞争政策等多领域,自由化程度将高于目前东盟与中国、日本、韩国、澳大利亚和新西兰 5 个国家已经达成的自贸协议。RCEP 覆盖人口约 22.7 亿,生产总值占全球年生产总值的 1/3,是目前全球最大的自由贸易区[①]。RCEP 是一个全面、现代、高质量、互利互惠的自贸协定。

RCEP 最突出的特点是将"发展"作为协议的核心目标,维护了发展中国家在全球经贸治理中的利益。与其他区域自由贸易协定相比,RCEP 在参与国和协定的最终内容方面更具包容性、灵活性和发展性。RCEP 更加重视遵循以世贸组织为核心的多边贸易体制规则,注重发展中国家的利益以及"灵活性""高标准"之间的权衡。

从被动接受国际经贸规则,到我国积极参与推动成立全球最大自由贸易协定RCEP,再到积极申请加入 CPTPP,我国已经步入了参与和引领高标准全球经贸规则的新阶段。RCEP 是系统性很强的综合政策体系,囊括了货物贸易、服务贸易、双向投资、知识产权、贸易救济、竞争等全方位、多领域的开放安排,将为我国带来重大的发展机遇。2022 年,东盟超过欧盟,重新成为中国第一大贸易伙伴。总的来说,对标 RCEP 高标准国际经贸规则,具有重大的现实意义。

2021 年 12 月,国务院常务会议指出,经过国际国内相关方共同努力,《区域全面经济伙伴关系协定》将于 2022 年 1 月 1 日正式生效实施。要支持企业抓住协定实施的契机,增强参与国际市场竞争力,进一步提升贸易和投资发展水平,倒逼国内产业升级。一是鼓励企业用好成员国降税、区域原产地累积规则等,扩大优势产品出口和有竞争力的产品进口。用好开放承诺和规则,加强区域

---

① 黄大慧、沈传新. RCEP 对地区及世界经济的积极意义 [EB/OL]. [2022-01-16]. https://baijiahao.baidu.com/s? id=1722091844830845656&wfr=spider&for=pc.

内高端、绿色产业链和制造业项目合作，提升服务业和投资开放水平。二是对标国际先进规则优化营商环境，积极引进区域内资金、人才，加大参与国际标准制定和对接力度。三是建立自贸协定实施公共服务平台和专家队伍，通过政府购买服务方式进一步加强对中小微企业的培训，提升理解和应用协定规则能力。发展通关、单证等专业化服务，为中小微企业提供便利。四是继续推动更多协定成员生效实施和协定机制化建设，共同打造地区经贸合作主平台。推进其他多双边自贸协定谈判，促进高水平对外开放。为此，2022 年 1 月 24 日，商务部等 6 部门专门印发了《关于高质量实施〈区域全面经济伙伴关系协定〉（RCEP）的指导意见》。2022 年 1 月 20 日，吉林省人民政府办公厅印发了《吉林省全面对接〈区域全面经济伙伴关系协定〉（RCEP）行动计划》，随后多个省份出台了相关文件。

综上所述，我国不仅要严格遵守已经加入的国际条约（保留条款和领域除外），更应积极主动对应最高标准、查找短板弱项，当好改革领跑者，树立开放新标杆。

1. 海关程序方面的对标分析①

RCEP 在海关程序方面基本沿袭了 WTO《贸易便利化协定》的内容，部分条款的开放程度和便利化程度要高于《贸易便利化协定》。海关程序方面主要涉及成员国进一步简化通关手续、缩短通关时间、通关一体化等内容；重点在于要求缔约国简化海关程序、提高通关效率，从而促进缔约国贸易便利化，同时并不减损缔约国海关对进出口实施合理监管的权力，旨在创造一个促进区域供应链的环境。我国政府高度重视海关建设，在海关程序方面已经基本对标 RCEP（见表 4-12）。

表 4-12　海关程序方面的对标分析

通关便利化		
主要议题	RCEP	中国
简化通关程序	有	已对标
缩短通关时间	有	已对标

① 本部分对标分析来自 RCEP 条款内容和相关资料对比分析。

续表

通关便利化		
主要议题	RCEP	中国
通关一体化	有	已对标
经认证的经营者	有	部分对标，个别企业获得
出口退税便利化	有	出口退税无纸化申报

2. 服务贸易方面的对标分析

RCEP 在服务贸易方面致力于消减各成员影响跨境服务贸易的限制性、歧视性措施，为缔约方间进一步扩大服务贸易创造了条件。RCEP 部分缔约方采用负面清单方式进行市场准入承诺，要求现在采用正面清单的缔约方在协定生效后 6 年内转化为负面清单模式对其服务承诺做出安排。相对于 RCEP 的高标准要求，我国在服务贸易规则方面仍有一些差距（见表 4-13）。

表 4-13 服务贸易方面的对标分析

服务贸易		
主要议题	RCEP	中国
跨境提供	部分成员以负面清单承诺	部分对外业务实施许可制，部分对外业务实施备案制；正面清单
自然人移动	部分成员以负面清单承诺	外国人服务"单一窗口"、外国人永久居留审批新模式、以正面清单做出高水平承诺
境外消费	部分成员以负面清单承诺	正面清单
商业存在	部分成员以负面清单承诺、自律组织/行业协会条款、信息转移和信息处理条款、电信服务纳入号码可携带条款、网络元素非捆绑条款	部分对标：比如外资银行无法提供所有金融服务产品；银行业分支机构简化准入（事后报告制）；正面清单

3. 投资领域方面的对标分析

投资领域方面，RCEP 在准入前负面清单+国民待遇、禁止业绩要求等内容上实现了在成员方间既有投资协定基础上的增值（见表 4-14），体现了高水平国际投资协定的发展趋势。同时，RCEP 投资规则通过审慎设置过渡期、国别保留等多种方式兼顾成员方经济发展水平差异和个别成员的特定关切，体现了规则的灵活性和包容性。相对于 RCEP 的高标准规则，我国在投资领域还存在"大门已开，小门未开"的现象，亟须进一步加大开放力度。

表 4-14　投资领域方面的对标分析

投资领域		
主要议题	RCEP	中国
市场准入	负面清单+国民待遇	负面清单+最惠国待遇
总体开放水平	总体开放水平较高，澳大利亚、日本、新加坡等接近 CPTPP 承诺水平	首次在自贸协定中采用负面清单形式
农/林/渔/矿	满足一定限制性条件下的市场准入	负面清单
其他产品领域	投资自由化、投资便利化、投资保护条款、禁止业绩要求、负面清单	负面清单
土地	保留对土地采取或维持任何措施的权利	简化用地程序、缩短审批时间、测绘数据共享、新型工业/产业用地管理模式

4. 数字贸易方面的对标分析

在数字贸易方面，RCEP 不仅继承了部分传统电子商务规则，还首次就跨境信息传输以及数据本地化等议题达成重要共识（见表 4-15），将为各成员加强数字贸易领域合作提供制度保障，有利于营造良好的数字贸易发展环境，增强各成员数字贸易领域的政策互信、规制互认和企业互通，促进区域内数字贸易的发展。在数字贸易方面，部分议题我国已经对标 RCEP，但在设施要求等议题上仍有一定差距。

表 4-15　数字贸易方面的对标分析

数字贸易		
主要议题	RCEP	中国
电子商务便利化	促进电子商务使用和合作，促进无纸化贸易、推广电子认证和电子签名	已对标
数据跨境转移	不得阻止涵盖的商业行为通过电子方式跨境传输信息	《中华人民共和国网络安全法》《中华人民共和国数据安全法》《中华人民共和国个人信息保护法》《数据出境安全评估办法》《数据出境安全评估申报指南》等，主要强调数据移动的安全性
个人信息安全	保护电子商务用户个人信息	已对标

续表

数字贸易		
主要议题	RCEP	中国
税收	应当维持其目前不对缔约方之间的电子传输征收关税的现行做法	暂时免税
设施要求	不得将要求涵盖的人使用该缔约方领土内的计算设施或者将设施位于该缔约方领土之内，作为在该缔约方领土内进行商业行为的条件	未要求

　　RCEP电子商务规则涵盖了丰富的促进电子商务使用和合作等相关内容，主要包括：促进无纸化贸易、推广电子认证和电子签名、保护电子商务用户个人信息、保护在线消费者权益、加强针对非应邀商业电子信息的监管合作等。此外，各方还在协定中就跨境信息传输、信息存储等问题达成重要共识。"无纸化贸易""电子发票""电子支付"三条规则旨在促进数字贸易便利化，提高数字贸易不同规制框架之间的可互操作性，RCEP对此方面的规定并不十分全面。

　　5. 数字货币方面的对标分析

　　在数字货币方面，RCEP未专门涉及相关内容（见表4-16），但在RCEP框架下与周边邻国不断加强的贸易关系，将推动数字货币尤其是数字人民币的跨境采用，为数字货币的进一步推广作出贡献。

表4-16　数字货币方面的对标分析

数字货币		
主要议题	RCEP	中国
跨境结算	未专门涉及	虚拟账户模式解决外贸综合服务企业跨境结算难题
金融区块链服务	未专门涉及	跨境金融区块链服务平台试点

　　6. 跨境人员临时流动方面的对标分析

　　在跨境人员临时流动方面，RCEP各成员的承诺基本超越各成员已有自贸协定的承诺水平。各方承诺区域内各国的投资者、公司内部流动人员、合同服务提供者、随行配偶及家属等在符合条件的情况下（见表4-17），可获得一定居留期限，享受签证便利，开展各种贸易投资活动。相对于RCEP的高水平规则，我国在跨境人员临时流动方面仍有差距。

表 4-17　跨境人员临时流动方面的对标分析

自然人临时流动		
主要议题	RCEP	中国
人员范围	缔约方的承诺表中可对配偶及家属作出承诺；商务访问者；公司内部流动人员；承诺表中可能规定的其他类别	《关于外国人才工作生活便利化服务若干举措》
便利化措施	便利其他缔约方的自然人临时入境和临时停留	创新出入境六项便利政策、专设外国人在华居留业务窗口
透明度	所有与移民手续相关的解释性材料可公开获得	已对标

7. 国有企业方面的对标分析

在国有企业方面，RCEP 未专门涉及（见表 4-18）。但我国在各大自贸试验区积极探索深化国有企业改革，尝试确定竞争中立原则并推进国有企业分类，努力构建有中国特色的国有企业规则。

表 4-18　国有企业方面的对标分析

国有企业		
主要议题	RCEP	中国
国有企业改革	未专门涉及	老工业基地转型升级、"一所两制"国企改革新模式；国有企业区分为公益性国有垄断企业、适度经营性国有垄断企业和竞争性国有企业三种类型

8. 政府采购方面的对标分析

在政府采购方面，RCEP 不仅包含了信息交流合作、提供技术援助、加强能力建设等内容，还增加了审议条款（见表 4-19），为各方未来进一步丰富和完善本部分预留空间。RCEP 相关内容将促进各方在更高水平和更广领域上加强政府采购信息交流和合作，有利于提升各方政府采购管理体制透明度，为促进区域内政府采购市场的逐步开放奠定基础。我国在政府采购相关领域逐步深化改革，推出了多项政策创新，但距离对标 RCEP 相关规则仍有差距。

表 4-19 政府采购方面的对标分析

政府采购		
主要议题	RCEP	中国
信息交流合作	政府采购相关法律法规可被公开获取；政府采购相关程序可被公开获取；相关信息的交换与共享	已对标
提供技术援助	向缔约方提供培训、技术援助	积极对标 WTO 制定的《政府采购协议》的相关规则
加强能力建设	向缔约方提供能力建设	
审议条款	缔约方可以在一致同意的情况下，在规定的期限内审议本章的内容，以便日后通过对本章的完善，便利政府采购	
开放程度	政府采购明确向国际竞争开放	部分对标

9. 产业补贴方面的对标分析

在产业补贴方面，RCEP 未专门涉及（见表 4-20）。但我国高度重视补贴与反补贴问题，已经加入 WTO《补贴与反补贴措施协议》，并在协议框架下多方面规范政府行为，减少贸易摩擦诱因，合理运用贸易救济措施，助推我国经济发展。

表 4-20 产业补贴方面的对标分析

产业补贴		
主要议题	RCEP	中国
产业补贴	未专门涉及	适用《补贴与反补贴措施协议》

10. 知识产权方面的对标分析

知识产权是 RCEP 内容最多、篇幅最长的章节，也是我国迄今已签署自贸协定中所纳入的内容最全面的知识产权章节，涵盖了商标、地理标志、专利、外观设计、遗传资源、传统知识和民间文艺、反不正当竞争、知识产权执法、技术援助等广泛领域（见表 4-21）。既包括传统知识产权主要议题，又体现了知识产权保护发展的新趋势。在 WTO《与贸易有关的知识产权协定》的基础上，全面提升了知识产权的整体保护水平。近年来，我国围绕知识产权保护推出多项法律法规，在该领域已经能够对标 RCEP，在部分议题上甚至略有胜出。

表 4-21 知识产权方面的对标分析

知识产权		
主要议题	RCEP	中国
知产范围	增加遗传资源、传统知识和民间文艺	部分对标
延伸产品	在先进技术、地理标志方面的商标	部分对标 知识产权信托产品
不正当竞争	有效防范不正当竞争	对标
域名	禁止以营利为目的恶意注册或持有与商标相同或足以导致混淆的近似域名	《中国互联网域名管理办法》 《中国互联网络域名注册实施细则》
专利授权	鼓励专利电子申请制度、降低获得专利授权的成本	外观专利快速授权
知识产权保护	民事救济、临时措施、边境措施、刑事救济、数字环境反侵权	知识产权快速维权新模式、维权模式多元化、知识产权公益诉讼制度
知产服务	合作培训专利审查员、在知识产权领域与其他缔约方开展合作，并就知识产权问题开展对话和信息交流、提供必要的技术援助	知识产权"三合一"服务模式
司法机构	无专门司法机构	知识产权法庭、海关、行政机关

11. 环境保护方面的对标分析

在环境保护方面，RCEP 未专门涉及（见表 4-22）。但我国以绿色发展为核心，有效平衡了绿色需求与发展需求，推出了环境评估告知承诺制、环评业务"零跑腿"制度、生态原产地保护制度、环境准入条件加项目环评负面清单制度等政策创新。

表 4-22 环境保护方面的对标分析

环境保护		
主要议题	RCEP	中国
环境保护	未专门涉及	环境评估告知承诺制
环境保护	未专门涉及	环评业务"零跑腿"制度
环境保护	未专门涉及	生态原产地保护制度
环境保护	未专门涉及	环境准入条件加项目环评负面清单制度

12. 劳工权益方面的对标分析

在劳工权益方面，RCEP 未专门涉及（见表4-23）。我国于2013年7月1日正式施行了《劳动合同法》，全方位完善了劳动合同制度，明确了劳动合同双方当事人的权利和义务，保护了我国劳动者的合法权益，构建了和谐稳定的劳动关系。

表4-23　劳工权益方面的对标分析

劳工权益		
主要议题	RCEP	中国
劳工权益	未涉及	《中华人民共和国劳动合同法》

13. 行业规则与行业标准方面的对标分析

在行业规则与行业标准方面，RCEP 在技术性贸易措施（见表4-24）的规定将大大提高域内货物贸易便利化水平，降低贸易成本，缩短物流时间，进一步促进形成区域一体化市场。我国应积极参与所在行业的国际标准制定、修改工作，为我国企业争取更大的话语权。

表4-24　行业规则与行业标准方面的对标分析

行业规则		
主要议题	RCEP	中国
行业规则	未专门涉及	各项中央、地方行业规则
行业标准	区域内标准协调；标准化合作机制；合格评定结果互认；任何技术标准的制定、采取和实施不能对贸易构成壁垒；安全、健康、环境保护或者国家安全的紧急问题例外；与《技术性贸易壁垒协定》相衔接	落实《国家标准化发展纲要》；积极实施标准化战略；构建高质量发展的国家标准化体系；加大对适用的国际标准的采标力度，提升转化率；推动标准协调和合格评定结果互认合作

14. 原产地规则方面的对标分析

在原产地规则方面，RCEP 简化了相关证书的申请程序、缩短了签发时间（见表4-25），并强调了在缔约地区使用区域累积原则，使得产品原产地价值成分可在 15 个成员国构成的区域内进行累积，来自 RCEP 任何一方的价值成分都会被考虑在内，只要产品在加工过程中实现的增值部分属于 15 个成员国，且累积增值超过 40% 即可享受相应关税优惠，这将显著提高协定优惠税率的利用率。相对 RCEP 而言，我国在原产地规则的部分领域仍有差距。

表 4-25　原产地规则方面的对标分析

原产地规则		
主要议题	RCEP	中国
证书申请	简化申请程序	原产地证"零跑趟"办理
证书签发	缩短签发时间	首创"信用签证"监管服务新模式
企业备案	未涉及	出口货物原产地企业备案无纸化
原产国判断标准	原产货物的 RCEP 原产国应当是，为该货物在出口缔约方的生产提供最高价值原产材料的缔约方	部分对标
证书类别	背对背原产地证明	未对标
特定原产地规则	产品的特定原产地规则	未对标

15. 关税减让方面的对标分析

在关税减让方面，RCEP 同时涵盖"统一关税减让""国别关税减让"。但 RCEP 中不同国家每年削减关税的时间有差别，关税减让表的数量和形式亦有区别，最终将实现区域内 90% 以上的货物贸易零关税（见表 4-26）。我国在此方面已经达到 RCEP 要求。

表 4-26　关税减让方面的对标分析

关税减让		
主要议题	RCEP	中国
统一关税减让	零关税覆盖率达到 90% 以上，并保持一定的农产品配额	已对标
国别关税减让	两个或两个以上的缔约方可以基于共识，就关税承诺表中所列的关税承诺的加速或改进进行磋商，任何此类关税承诺的加速或改进应当被扩展至所有缔约方	已对标

16. 特定领域方面的对标分析

特定领域涵盖贸易救济、电子商务、争端解决、竞争与合作四大部分（见表4-27）。在贸易救济上，RCEP 设立了过渡性保障措施制度，对各方因履行协议降税而遭受损害的情况提供救济，规范了书面信息、磋商机会、裁定公告和说明等实践做法，促进提升贸易救济调查的透明度和正当程序；在电子商务上，RCEP 维持了 WTO 暂停对电子商务征税的决定；在争端解决上，RCEP 提供了高效和透明的解决程序和规则，主要规定了争端解决机制的适用范围、磋商、斡旋、调停和调节等机制及专家组相关程序、争端解决程序的透明度等；在竞争与合作上，RCEP 聚焦信息共享、禁止反竞争活动、能力建设、技术援助等。总体来看，在此领域我国已经部分对标 RCEP。

表 4-27　特定领域方面的对标分析

特定领域		
主要议题	RCEP	中国
贸易救济	过渡机制、禁止归零原则、披露事实和处理机密信息义务	部分对标
电子商务	维持 WTO 暂停电子商务征收关税，纳入数据流动、信息存储等内容	创造了迄今最高效的监管服务模式（"1210"监管模式）
争端解决	场所选择—磋商自愿调解—请求设立专家组—第三方参与争端	自贸区法院、自贸区商事纠纷多元化解决机制、诉调对接机制
竞争与合作	信息共享、禁止反竞争活动、能力建设、技术援助	部分对标

目前，全球经贸规则正处于深度调整变革期，各种力量在合作竞争和规则谈判过程中激烈博弈。主要发达国家主导制定的以 CPTPP、USMCA、EPA 等为代表的高水平自贸协定，在众多规则领域已超越了多边贸易体制所规定的水平，进而影响并可能决定新一轮国际经贸规则的走向。我国主动对接国际高标准规则体系，在货物贸易、跨境服务贸易、投资和知识产权等领域先行先试，率先探索构建符合国际惯例、适应高水平对外开放的规则体系和制度框架。

17. 总结：对标高标准国际经贸规则分析

总体来看，在传统经贸领域，我国部分对标 RCEP。其中在商品贸易中的关税减让、商务便利化和国际投资负面清单上，我国已与 RCEP 完全对标，但在其他分项上只能部分对标 RCEP（见表 4-28）。在新兴对外合作领域，我国部分对标 RCEP。其中在信息安全等数字贸易规则上，工业设计、系统解决方案、信息软件等智能制造规则上，我国已经完全对标 RCEP，但在其他分项上属于部分对标（见表 4-29）。在边境后政策上，我国部分对标 RCEP。其中在知识产权和环境保护上，我国已经完全对标 RCEP，国有企业、政府采购、产业补贴、劳工权益等规则部分对标 RCEP，但在监管一致性上，我国相对 RCEP 仍有较大短板（见表 4-30）。

表 4-28　对标高标准国际经贸规则分析一（传统经贸领域）

	高标准国际规则 RCEP	我国		
		已对标	部分对标	未对标
商品贸易	关税减让	√		
	非关税措施		√	
	产业补贴		√	
	政府采购		√	
	竞争力		√	
	商务便利化	√		
	供应链安全		√	
服务贸易	负面清单		√	
国际投资	负面清单	√		

表 4-29　对标高标准国际经贸规则分析二（新兴对外合作领域）

	高标准国际规则 RCEP	我国		
		已对标	部分对标	未对标
数字贸易	信息安全	√		
跨境金融	金融稳定 金融安全 金融审慎 风险防范		√	

续表

	高标准国际规则 RCEP	我国		
		已对标	部分对标	未对标
智能制造	工业设计 系统解决方案 信息软件 智能生产 智能装备 智能服务	√		
专业服务	专业标准准则的 制定/资质互认 协议或自动给予		√	
自然人临时流动	促进区域内自然人自由移动		√	

表 4-30　对标高标准国际经贸规则分析三（边境后政策）

国际高标准规则 RCEP	我国		
	已对标	部分对标	未对标
国有企业		√	
政府采购		√	
产业补贴		√	
知识产权	√		
环境保护	√		
劳工权益		√	
监管一致性			√

（三）应优先对标的高标准国际经贸规则三——CPTPP系列规则

《全面与进步跨太平洋伙伴关系协定》（CPTPP）是由日本、加拿大、澳大利亚、智利、新西兰、新加坡、文莱、马来西亚、越南、墨西哥和秘鲁共11个国家签署的自由贸易协定，于2018年12月30日正式生效，覆盖4.98亿人口，签署国国内生产总值之和占全球经济总量的约 13%①。

CPTPP 是美国退出《跨太平洋伙伴关系协定》（TPP）后定的新名字。美国在 2017 年宣布退出 TPP，当年，启动 TPP 谈判的 11 个亚太国家共同发布了一份联合声明，宣布"已经就新的协议达成了基础性的重要共识"，并决定改名为"跨太平洋伙伴关系全面进展协定"，也就是如今的 CPTPP。CPTPP 协议是一项全面而严格的贸易协议，在劳动和环境规则、竞争政策、国有企业、知识产权监管、互联网规则和数字经济方面设定了高标准。CPTPP 有利于加强各成员经济体之间的互利联系，促进亚太地区的贸易、投资和经济增长，进一步推动市场开放、经济一体化和国际合作。但对发展中国家来说，这种"高标准"无疑给它们的发展带来许多制约和隐藏的障碍。2021 年 9 月 16 日，中国正式提出申请加入《全面与进步跨太平洋伙伴关系协定》。

1. 传统领域的高标准国际经贸规则

在货物贸易领域，CPTPP 要求全面市场准入，即消除或削减涉及所有商品的关税和非关税壁垒。整体来看，我国在货物贸易领域与 CPTPP 的要求已经基本持平，尤其是在海关管理和贸易便利化方面，我国围绕通关便利化大力提高"单一窗口"建设水平，推动海关合作，大幅度提高了货物通关效率，基本达到 CPTPP 的高标准要求（见表 4-31）。在服务贸易领域，CPTPP 要求除例外条款外对所有服务部门均给予准入前国民待遇和最惠国待遇。与 CPTPP 规则相比，我国主要服务贸易领域尚存在市场准入限制较多的情况，除禁止外资准入外，还有大量合资、股比、国籍等强制要求，学历和执业资格不互认，自然人流动、资金跨境流动限制，非国民待遇等问题（见表 4-32）。在投资领域，CPTPP 与美国 2012 年双边投资协定（BIT）范本高度相似，致力于扩大投资自由化和仲裁形式的投资保护。尤其是其中关于"投资""竞争"等相关条款，更是强调投资准入"负面清单"，极力推行投资自由化。我国在投资规则上，大幅度缩减投资准入负面清单，围绕跨境结算做出多项政策创新，基本达到了 CPTPP 的要求（见表 4-33）。

---

① 新版 TPP 正式生效！覆盖近 5 亿人口，签约国 GDP 占全球总量 13% ［EB/OL］. ［2019-09-01］. https：//zixun. sdgongkao. com/zixun/202209/06283470. html.

表 4-31　货物贸易领域方面的对标分析

货物贸易	CPTPP	中国
竞争力和商务便利化	竞争力委员会	竞争力安排未对标，商务便利化提升较快
关税水平和关税配额管理	99%零关税、零补贴、零壁垒的"三个零"标准；关税配额管理的程序可使公众获得，是公平和公允的，行政负担不超过绝对必要的限度，能够反映市场条件；关税配额的退还、再分配和透明度	部分对标
货物的国民待遇和市场准入	根据《1994 年关税与贸易总协定》第 3 条，给予另一方的货物国民待遇；逐步取消原产货物的关税	已对标
进口许可程序	符合《进口许可程序协定》的规定；许可程序的透明度要求；管理费和手续不得成为对国内货物的一种间接保护或者征收变相的国内税	已对标
农产品贸易	取消农产品出口补贴；现代生物技术产品贸易的透明度、合作和信息交流；特殊保障措施关税的限制性规定	部分对标
原产地规则	货物包括任何商品、产品、物品或材料；完全获得标准、增值百分比标准、价值区域内累计；不得因原产地证书中的微小错误或差异而拒收原产地证书；原产地证书的免除条件、核查等程序性事项	已对标
纺织品与服装	纺织品特定原产地规则；成套货物的待遇问题；特定手工或民俗商品的待遇问题；紧急行动与《保障措施协议》的衔接	部分对标
海关管理和贸易便利化	海关程序的可预测、一致和透明；海关合作以便形成和实施经改进的最佳实践和风险管理技术、便利国际供应链标准的实施、简化和加强海关及时和高效通关的程序、提高海关人员的专业技能、加强技术的使用；快运货物抵达前提交和处理放行装运货物所需的信息，正常情况下快运货物在提交必要海关单据后 6 小时内放行	已对标
贸易救济措施	进一步确认了《保障措施协议》《反倾销协议》《补贴与反补贴协议》的效力	已对标
卫生与植物卫生措施	进一步确认了《实施卫生与植物卫生措施协定》（SPS 协定）的效力；强化并拓展 SPS，保护缔约方领土内人类、动物或植物的生命或健康，保证卫生或植物卫生措施不对贸易构成不合理的障碍，以便利和扩大贸易；进口检查的实施不受到不当迟延；考虑 WTO/SPS 委员会的相关指导、国际标准、指南和建议，促进电子认证和其他技术的实施以便利贸易；保持技术标准和相关程序的透明度，信息交流和合作	已对标
技术性贸易壁垒	确认《技术性贸易壁垒协定》（WTO/TBT）的效力；取消不必要的技术性贸易壁垒；不得要求检测或认证该产品的合格评定机构或进行检验的合格评定机构位于自己领土内	已对标

表 4-32　服务贸易领域方面的对标分析

服务贸易	CPTPP	中国
待遇标准	国民待遇与最惠国待遇	部分对标
市场准入	不得限制服务提供者的数量、不得限制服务交易或资产总值、不得限制服务业务总量或服务产出总量、不得限制特定服务所必须且直接相关的自然人总数或者要求服务提供者通过特定类型法律实体或合营企业提供服务	部分对标
当地存在	不得要求服务提供者在其境内设立或维持代表处或任何形式的企业或成为居民，作为跨境提供服务的条件	部分对标
支付和转移	允许对跨境服务提供相关的转移和支付，使用自由流动货币按转移时的现行市场汇率进行，自由进出其领土且无迟延	部分对标
专业服务	承认专业资质并便利许可或注册程序、工程师的临时许可或注册、法律服务、快递服务	未对标
金融服务与金融机构市场准入	给予金融机构及其投资国民待遇、不得限制另一缔约方金融机构的数量、不得限制金融服务交易或资产总值、不得限制从业的自然人总数	部分对标
电信	缔约方确保企业可使用公共电信服务用于信息流动，也可采取措施保证信息的安全性和机密性并保护终端用户的个人数据隐私；不对公共电信网络和服务的接入和使用附加条件；确保缔约各方公共电信服务供应商实现合理费率的互联互通；确保公共电信服务供应商提供携号转网且不减损质量和可靠性、竞争保障、网络元素的非捆绑	部分对标

表 4-33　投资领域方面的对标分析

投资领域	CPTPP	中国
简化手续	无明确具体安排	企业投资项目承诺制、投资项目报建实行"先建后验""先建后补手续"等模式，简化审批事项
待遇标准	全面的国民待遇标准：准入前国民待遇＋准入后国民待遇；准入前的最惠国待遇＋准入后的最惠国待遇	部分对标：《自由贸易试验区外商投资准入特别管理措施（负面清单）》大幅度放宽市场准入，仍慎重对待准入前国民待遇
投资促进	总体要求促进投资自由化	提升投资促进服务水平，建立外商投资信息公示平台和外商投资信息报告制度
透明度	适用透明度一般原则	强化自贸区利用外资平台作用，充分发挥国家企业信用信息公示系统的作用
营商环境	体现市场化/自由化/法治化的高标准营商环境	建设高标准、国际化营商环境，完善投资者权益保障制度，允许符合条件的境外投资者自由转移其投资收益

续表

投资领域	CPTPP	中国
安全审查	各国可作为一般例外	《自由贸易试验区外商投资国家安全审查试行办法》
征收和补偿	为公共目的、非歧视方式、及时充分有效补偿以及根据正当法律程序进行；补偿应无迟延支付、不低于征收之日被征收投资的公平市场价值、可全部变现并可自由移动；涵盖征收之日至付款之日的利息	部分对标：合理的补偿
业绩要求	不得施加或强制执行任何业绩要求，或强制要求作出任何承诺或保证，包括：出口业绩、当地含量、当地采购/销售、将进/出口量/额与该投资有关的外汇流入金额相关联、限制该投资产品或服务的国内销售、要求转让特定技术/生产工序/其他专有知识等；或者将以上作为获得或继续获得优惠的条件	已对标
高级管理人员和董事会	不得要求任命具有特定国籍的自然人担任高级管理职务	未对标
企业社会责任	鼓励企业将缔约方赞同或支持的企业社会责任的国际公认标准、指南和原则纳入其内部政策	部分对标
投资争端解决	磋商和谈判、ICSID 仲裁规则、UNCITRAL 仲裁规则、ICC 仲裁规则	部分对标

2. 新兴对外合作领域的高标准国际经贸规则

在电子商务领域，CPTPP 致力于消除发展电子商务的障碍，其规则与 WTO 及我国参与的 FTA 相比更加全面、标准更高，内容涵盖数字产品贸易零关税和非歧视待遇，要求数据跨境自由流动、取消本地化储存限制，严格要求源代码保护、个人隐私保护、在线消费者权益保护，消除在电子认证和电子签名、无纸贸易、接入和使用互联网开展电子商务方面的障碍。在电子商务领域，我国对国内电子商务的监管框架及时进行了调整，在数字产品的关税、非歧视待遇和在线消费者保护等方面及时跟进，与 CPTPP 的要求基本一致（见表4-34）。在跨境人员流动领域，CPTPP 大力促进各成员方商务人员便利通行，该协议成员方几乎全部都已相互承诺对方的相关人员可以入境，也体现了 CPTPP 成员国为减少服务贸易壁垒，促进服务贸易便利化的决心。在跨境人员流动领域，我国针对入境范围和条件做出了多项政策创新，基本达到了 CPTPP 高标准要求（见表4-35）。

表4-34 电子商务领域方面的对标分析

电子商务	CPTPP	中国
数据流动	允许数据自由流动	自由流动兼顾数据安全
海关关税	不得对电子传输及传输的内容征收关税，国内税、规费或其他费用除外	暂时免征关税
待遇标准	给予数字产品非歧视待遇	已对标
计算设施的位置	不得强制要求计算设施设于境内	未明确
源代码	不得强制要求提供源代码	未明确
在线消费者保护	保护消费者从事电子交易时免受诈骗和商业欺诈行为侵害	已对标
个人信息保护	采用或维持保护电子商务用户个人信息的法律框架	已对标

表4-35 跨境人员流动领域方面的对标分析

跨境人员流动	CPTPP	中国
服务贸易之自然人移动	对服务提供者在另一缔约方或非缔约方领土内获得的教育或经历、满足的要求、授予的许可或证明作出安排，禁止对高级管理人员和董事会或其他重要人员作出国籍要求、人数限制等	实施市场化的人才引进机制，提供出入境便利，推进跨境教育和人才培养合作
商务人员	从事货物贸易、服务提供或开展投资的缔约方的自然人或永久居民	提供多项出入境便民措施和贴心服务，缩短证件时间，简化办证手续
移民手续	信息告知、迅速提供申请状态、费用合理等义务	办事大厅信息公示、流程公示，收费公开
移民措施	缔约国拒签的权力和告知义务	移民事务服务中心（站点），提供政策咨询、居留旅行、法律援助、语言文化等工作学习生活便利服务
商务旅行	增强商务人员流动性承诺	已对标
临时入境	便利商务人员临时入境的机会	已对标

3. "边境后" 政策领域的高标准国际经贸规则

（1）国有企业

CPTPP 在序言中提到：确认国有企业可在缔约方多样的经济中发挥合法作用，同时认识到向国有企业提供不公平优势条件有损公平开放的贸易和投资，决心为国有企业制定规则，以促进形成与私营企业公平竞争的环境、透明度以及良好商业惯例。

涉及国有企业的主要规则包括：限制政府给予国有企业非商业考虑的支持；监管上对各类所有制企业一视同仁；国有企业基于非歧视原则和商业考虑开展活动，实现市场化商业运营；提高国有企业信息透明度，如公布国有企业名单、政府在国有企业持股比例、官员任职情况等（见表4-36）。

表4-36　国有企业领域方面的对标分析

国有企业	CPTPP	中国
概念与范围	国有企业指主要从事商业活动且缔约方在该企业中：直接拥有50%以上的股份资本；通过所有者权益控制50%以上的投票权的行使；拥有任命董事会或其他同等管理机构过半数成员的权力	国有企业区分为公益性国有垄断企业、适度经营性国有垄断企业和竞争性国有企业三种类型
竞争中性	"竞争中性"规则针对的是国家层面的国有企业	对于"正面清单"以外行业的国有企业，应与私营企业和外资企业公平市场竞争
非商业援助	根据非商业援助条款：不但政府提供给国有企业的所有补贴、税收减免或其他任何形式的帮助都可能被认定为非商业援助，而且并非针对国有企业，各种所有制类型企业均可享有的补贴，也可能被认定为非商业援助。由于政策性银行比商业银行贷款期限更长，政策性银行对国有企业的贷款很可能被视为非商业援助	加强对企业的纾困帮扶以及减费降税等政策，避免非商业目的的援助
信息披露	向全社会作全面披露	企业层面只是定向报告，尚未做到向全社会信息披露
国有企业和指定垄断	差别待遇必须依照商业考虑，不得提供非商业援助	国有企业在电力供应、城市供水、电信网络、交通运输等基础设施行业具有一定垄断地位，烟草等领域存在行政垄断，在信贷、土地、债务等方面享受更多的优惠政策

（2）政府采购

相互开放政府采购市场；给予他国产品和服务国民待遇；及时发布政府采购信息；公平对待投标者。在公平参与方面，采购过程中强调建立严格的监管程序，参与主体要公平、自由、开放地参与竞争，采购过程具有较高的市场化特征，强调参与主体多边化、多样化特征，积极鼓励中小企业参与政府采购流程。当前，中国所有签订的自由贸易协定中，没有一个协定将政府采购作为独立内容单列，在一些协定中甚至没有提及政府采购内容，部分协定中只是描绘了政府采购开放的愿景，但没有进入实质性的操作环节。在实际操作方面，我国所提出来的政府采购规则体现了国际高标准规则中的公平性、开放性和市场化精神，部分规定甚至领先于国际规则中的相关规定，如通过取消保证金或降低缴纳比例为供应商减小运营压力和交易成本，但在采购透明度和腐败监管的程序规定方面，还与国际规定存在差距：国际规则中要求采购过程需组建政府采购委员会，并有明确的国内审查程序，但在我国政府采购相关规定中，对政府采购的监督程序还没有做明确、细致的规定（见表4-37）。

表4-37 政府采购领域方面的对标分析

政府采购	CPTPP	中国
采购市场	相互开放政府采购市场	总体上对标WTO的《政府采购协定》（GPA）
待遇标准	给予他国产品和服务国民待遇	部分对标
透明度	及时发布政府采购信息	部分对标
公平对待投标者	政府采购过程必须无歧视、公正、独立和廉洁；保证采购程序公平、公正及投标机密性的程序接收、开启和处理所有投标	操作层面体现了国际规则中公平性、开放性和市场化精神
采购行为	政府采购过程中要保持较高的市场化程度、采购过程的多边参与特征、促进中小企业参与	部分对标
政府采购委员会	有规定	未对标

（3）知识产权领域

知识产权领域的保护范围更广，如版权相关权适用国民待遇，驰名商标境内外跨品类保护，地理标志认可程序不需要政府介入，建立药品专利链接制度等，具体如表4-38所示。CPTPP知识产权边境保护条款共有9条，分别规定了"依申请保护所适用的货物范围""启动保护程序的条件""申请人担保的提交""权利人的信息权""依职权保护的适用范围""授予边境执法机关认定侵权与处罚的权利""侵权货物的处置""边境保护的合理费用""微量物品的严格有限豁免"等方面内容。

表 4-38　知识产权领域方面的对标分析一

知识产权	CPTPP	中国
总体原则	促进经济社会发展和技术创新，防止权力持有人滥用知识产权，减少不合理贸易限制措施	对标
待遇标准	所有类别的知识产权适用国民待遇	部分对标
传统知识产权	商标、专利、外观设计、版权、商业秘密、原产地标志	已对标
新增知识产权	保护气味商标、遗传资源、传统知识、民间文艺、互联网域名	未对标
境内外跨品类保护	驰名商标境内外跨品类保护	未对标
地理标志	地理标志认可程序不需要政府介入	相关部门认可，未对标
药品专利	建立药品专利链接制度	未对标；《药品注册管理办法及其修正案》
知识产权保护	边境措施、民事和行政程序及救济	已对标

CPTPP 关于刑事程序和处罚措施的规定，是整个知识产权章节最为严厉的部分，其通过降低入罪门槛显著提高知识产权的国际保护标准。刑事处罚不仅针对侵害著作权及相关权利、商标权和商业秘密的犯罪行为，也针对破坏技术保护措施和权利管理信息的行为（见表 4-39）。

表 4-39　知识产权领域方面的对标分析二

知识产权	CPTPP	中国
入刑门槛	具有商业规模的侵犯相关权利行为列入刑罚	部分对标
强化刑事保护力度	著作权犯罪无须主观要件	未对标
	故意进出口假冒商品	部分对标
	影院偷拍偷录入刑	未对标

（4）环境与贸易

CPTPP 在序言中提到：通过环境法律的有效执行等措施促进形成高水平的环境保护，并通过相互支持的贸易和环境政策与实践，促进实现可持续发展目标（见表 4-40）。将多变环境协议义务纳入自贸协定框架，包含广泛的强制性义务，如保护臭氧层、防止船舶污染、禁止造成过度捕捞和产能过剩的补贴措施等；对公众参与、透明度等作出详细规定；将贸易投资与环境问题挂钩，建立包括贸易制裁在内的多层级争端解决机制。

表 4-40　环境与贸易领域方面的对标分析

环境与贸易	CPTPP 重要新规则	中国
一般承诺	保证环境法律和政策规定鼓励高水平环境保护；不得为鼓励贸易或投资而弱化、减损、豁免其环境法律；确认履行已参加的多边环境协定的承诺；促进贸易与环境法律政策相互支持	已对标
臭氧层保护	臭氧消耗物质的环境友好型替代选择；制冷剂管理实践、政策和计划；平流层臭氧测量方法；打击臭氧消耗物质的非法贸易	部分对标
延伸领域	臭氧层保护、海洋环境、船舶污染、公众参与、公开意见、环境绩效、生物多样性、外来入侵物种、海洋捕捞、社会责任等全面措施安排	部分对标环境商品和环境服务
环境责任	全方位的责任主体	环境损害责任追究和赔偿制度
生态保护	促进和鼓励生物多样性的保护和可持续利用、防止过度捕捞/砍伐、打击野生动植物非法获取和非法贸易	已对标
环境与贸易	首次纳入自贸协定，企业应承担的社会责任	部分对标，商品贸易与环境保护没有直接挂钩

（5）劳工权益

CPTPP 在序言中提到：保护和执行劳工权利，改善工作条件和提高生活水平，增强在劳工问题上的合作和缔约方的能力。其他条款包括：维护国际劳工组织提出的自由结社权、集体谈判权等核心劳动权利；允许成立独立工会；建立公众和第三方参与劳工事务的渠道；适用争端解决机制，将贸易投资与劳工问题直接挂钩。具体的劳工权益领域方面的对标分析如表 4-41 所示。

表 4-41　劳工权益领域方面的对标分析

劳工权益	CPTPP 重要新规则	中国
劳工保护机构	独立的劳工权益保护机构、劳动法院	工会组织基层单元建在企业内部、劳动仲裁

续表

劳工权益	CPTPP 重要新规则	中国
制度保障	CPTPP 将劳工标准与 1998 年《国际劳工组织关于工作中基本原则和权利宣言》的核心标准建立联系	《工资集体协商试行办法》《保障农民工工资支付条例》《中华人民共和国劳动合同法》
禁止歧视	消除所有形式的强迫或强制劳动/消除就业与职业歧视	禁止就业歧视和职业歧视
禁止强迫劳动	禁止进口全部或部分通过强迫或强制劳动生产的货物	用人单位和劳动者双向选择，合同自由，禁止强迫劳动
基本权力保护	保护工人和劳工组织在行使劳动权利时免予威胁、恐吓和暴力	劳动者权益受到全面保护
基本权力保护	确保不论国籍的移徙工人均受其劳动法保护，保护工人免受基于性别的就业歧视政策	既有私力救济，又有公力救济

（6）其他重要领域

在合作与能力建设方面，CPTPP 在其"合作框架"中对缔约方合作能力建设做出了详细的规定。在中小企业方面，CPTPP 规定各国应建立相应的网站以方便中小企业获取关键信息。在竞争力和商务便利化方面，CPTPP 致力于促进供应链的发展和增强。在透明度和反腐败方面，CPTPP 认为各项政策应尽可能透明，并避免产生腐败（见表 4-42）。

表 4-42 其他重要领域方面的对标分析

其他重要领域	CPTPP 重要新规则	中国
合作与能力建设	通过多种模式开展合作与能力建设活动；合作与能力建设联络点；合作与能力建设委员会	未对标
中小企业	首次将中小企业作为独立章节提出；中小企业：中小企业委员会、信息共享平台、融资能力、人才保有能力、科研创新能力、业务拓展能力	减税降费、财政补贴、优惠贷款；《中华人民共和国中小企业促进法》；小微企业的扶持政策、小微企业快速贷款新模式、涉企纠纷多元化解决、涉企诉讼专用服务窗口；"信贷+信用"普惠金融模式、小微企业创新创业服务券；未形成完善的中小企业管理和服务体系
竞争力和商务便利化	促进供应链的发展和增强；在自由贸易区内整合生产、便利贸易并降低商业经营成本	已对标

续表

其他重要领域	CPTPP 重要新规则	中国
监管一致性	提出明确要求	未明确提出具体要求
透明度和反腐败	公共职位人员的选拔和培训程序；公职人员行为透明度的措施；公职人员实际或潜在利益冲突的政策和程序；采用或维持正确、正直和适当履行公务职能的行为或标准	部分对标

（7）总结：对标高标准国际经贸规则分析

CPTPP 经贸领域的核心部分涉及传统经贸领域、新兴对外合作领域、边境后政策（见表 4-43 至表 4-45）。

表 4-43　对标高标准国际经贸规则分析一（传统经贸领域）

	国际高标准规则 CPTPP	中国		
		已对标	部分对标	未对标
商品贸易	关税减让	√		
	非关税措施		√	
	产业补贴		√	
	政府采购		√	
	竞争力			√
	商务便利化		√	
	供应链安全		√	
服务贸易	负面清单	√		
国际投资	负面清单	√		

表 4-44　对标高标准国际经贸规则分析二（新兴对外合作领域）

	国际高标准规则 CPTPP	中国		
		已对标	部分对标	未对标
数字贸易	信息安全	√		
跨境金融	金融稳定 金融安全 金融审慎 风险防范		√	

国际高标准规则 CPTPP	中国		
	已对标	部分对标	未对标
智能制造　　工业设计 系统解决方案 信息软件 智能生产 智能装备 智能服务	√		
专业服务		√	

表 4-45　对标高标准国际经贸规则分析三（边境后政策）

国际高标准规则 CPTPP	中国		
	已对标	部分对标	未对标
国有企业		√	
政府采购		√	
产业补贴		√	
知识产权	√		
环境保护	√		
劳工权益		√	
监管一致性		√	

（四）应积极对标的国际经贸规则——DEPA/TTIP/USMCA 等

近年来，随着数字贸易比重的不断攀升，双边或多边的数字贸易协定如雨后春笋般诞生，例如，2020 年以来新加坡相继与智利、新西兰、澳大利亚和韩国等国家签署多个数字贸易协定。其中，新加坡、智利、新西兰三国于 2020 年 6 月签署的《数字经济伙伴关系协定》（DEPA）是最主要的成果。"电子发票""电子支付"是 DEPA 的特有规则，规定缔约成员要采取国际公认标准来促进系统的互操作性，支持高效安全和可靠的基础设施互联。DEPA 的"数字身份"规则规定，缔约成员要促进成员间数字身份系统的互操作性，包括技术之间的互操作性和通用标准，但也纳入了公共政策目标的例外规定。该协定以电子商务便利化、数据转移自由化、个人信息安全化为主要内容，并就加强人工智能、金融科技等领域的合作进行规定。中国于 2021 年 11 月正式提出申请加入 DEPA，积极推进数字经济领域国际合作。我国与 DEPA 的核心规则制度对比如表 4-46 所示。

表 4-46　DEPA 的核心规则制度对比

数字贸易	最新高标准规则	中国
电子传输免关税	永久义务	临时义务
数字产品的非歧视性待遇	给予数字产品国民待遇和最惠国待遇	开放市场态度慎重
通过电子方式跨境传输信息	促进跨境数据自由流动	允许为保护其基本安全利益而采取措施限制数据跨境流动
计算设施的位置	不得将计算设施本地化作为企业商业运营的条件	安全例外
"源代码"规则	不得将转移或公开源代码作为其进口、分销、销售或使用该软件产品的前提条件	要求基础设施类软件必须公开源代码、算法，以避免产生安全问题

DEPA 中的"金融科技与监管科技合作"规则规定，缔约成员应在企业和技术层面加强合作。人工智能技术是当前数字经济中应用最为广泛的数字技术，DEPA 中"人工智能"规则要求缔约成员出台在国际上保持一致的人工智能治理框架，并在出台相关治理框架时考虑国际公认的原则和准则。该规则主要是从人工智能技术治理的角度敦促缔约成员为人工智能技术的应用出台能够互相操作和联通的治理框架。

关于中小企业的相关规则，DEPA 的成员在数字经济领域均缺乏大型互联网科技企业，因此非常注重培养中小企业以推动数字经济发展，反映出其有别于欧美国家的诉求（见表 4-47）。DEPA 专门就"中小企业合作"设定了一套规则：其一，强调缔约成员应加强中小企业在数字经济中的合作，以促进就业和数字经济发展；其二，缔约成员应合作以增加中小企业在贸易和投资中的话语权；其三，要求召开数字中小企业对话。中小企业通过对就业和经济增长的贡献，在东南亚各国的经济发展中发挥着至关重要的作用，因此东南亚各国都非常重视中小企业的发展和创新。"中小企业"规则对于欧美国家而言并不难接受，美国也曾在 USMCA 中纳入相关条款。

数据是数字经济发展的基础要素，跨境数据流和数据共享推动了与数据相关的技术创新。DEPA 的"数据创新"规则中规定，缔约成员可以在监管数据沙箱内加强创新，共享包括个人信息在内的数据；缔约成员应努力在数据共享机制和数据新用途（包括数据沙箱）的概念验证方面进行合作，以促进数据相关的技术创新。

表 4-47　对标高标准国际经贸（DEPA）规则分析

	高标准国际规则 DEPA	中国		
		已对标	部分对标	未对标
商业和便利化	切实履行《贸易便利化协定》的义务；设立无缝、可信、高可用性和安全互连的单一窗口，促进与贸易有关的数据交换；数据交换系统应彼此兼容并可交互操作；物流、电子发票、快运货物、电子支付等	√		
数字产品和相关待遇	电子传输及传输内容免关税；数字产品的非歧视待遇	√		
数据问题	数字参与者个人信息保护；收集限制、数据质量、用途说明、使用限制、安全保障、透明度、个人参与以及责任	√		
数字身份	促进数字身份制度之间的可交互操作性；建立共同标准；为数字身份提供同等保护		√	
新兴趋势和技术	金融科技产业合作；为可信、安全、负责任的使用人工智能技术而制定道德和治理框架	√		
创新和数字经济	数据流动和数据共享有利于创新、创造，有利于信息、知识、技术和艺术的传播，有利于促进竞争和培育开放高效的市场；开放政府数据		√	
中小企业合作	增强中小企业在数字经济中的贸易和投资机会	√		
数字包容性	保证所有人和所有企业参与数字经济；便利数字经济的机会获得；保障妇女、农村人口、低收入社会经济群体和原住民参与数字经济		√	

综观 TTIP[①]/USMCA 等其他一些新的国际经贸规则，透明度与反腐败规则在这些新国际贸易协定中的地位越来越重要。主要发达经济体都在信息的公开性、可获得性以及公众参与度方面做出了较大的努力。

1. 最新国际经贸规则的新特点

最新国际经贸规则的新特点主要有：义务承诺棘轮化，不符措施承诺具有不可逆性；义务承担一国对一国，两两相互承诺的内容，构成缔约成员之间的主要条约义务；"软性语言"的劝导式条款增多，倡导性承担义务比重增加；经贸规则议题向边境后措施延伸，向更深层次纵深方向发展。

---

① 跨大西洋贸易与投资伙伴协议（TTIP）即美欧双边自由贸易协定，议题涉及服务贸易、政府采购、原产地规则、技术性贸易壁垒、农业、海关和贸易便利化等；《美墨加三国协议》是美国、加拿大和墨西哥达成三方贸易协议。

当前，多边、区域和双边贸易协定所涵盖的经贸规则议题逐步由货物贸易、市场准入等传统的边境措施向知识产权、环境、劳工、国有企业等边境后措施延伸，并日益向深度化、多元化的方向发展。CPTPP 协定包含了 30 个章节，比过去的自贸协定多了一倍，除传统的货物、服务、投资、争端解决等议题外，还涵盖了知识产权、环境、劳工、监管一致性、互联网自由、国有企业和竞争政策、反腐败等边境后议题。这些议题原本属于一个国家的内部事务，现在则成为国际协定约束的内容。USMCA 协定进一步增加到 34 个章节，数字贸易取代了电子商务，甚至还涵盖了宏观经济政策与汇率问题等规则议题。EPA 虽然只有 23 章，但是也涉及政府采购、竞争政策、补贴、国有企业及垄断、知识产权、公司治理、投资与电子商务、中小企业、农业合作、透明度等大量与边境后措施相关的规则议题。

（1）对传统贸易投资规则提出更高的要求

在传统的货物、服务与投资等市场准入规则方面，WTO 一直在积极推动各国进一步降低关税水平，开放服务市场与投资准入，但 2000 年之后进一步大规模降税谈判受阻，仅在 2015 年就 201 项信息技术产品的零关税达成一致，其他领域谈判进展缓慢。在 WTO 相关谈判的基础上，以 CPTPP、EPA、USMCA 协定等为代表的新一代自贸协定在货物贸易领域提出了更高的市场准入标准，要求各方自由化水平达到 95%以上，尤其是在工业制成品方面许多协定的自由化水平已经接近100%。在服务贸易和投资领域，各协定不仅采取了负面清单的谈判及开放模式，要求各国在 WTO 正面清单基础上减少市场准入限制，开放更多敏感服务部门，而且有些还引入了棘轮条款，以锁定开放成果，保证开放水平不会回撤。

（2）规则标准向更具操作性和约束性转变

CPTPP、EPA、USMCA 等新一代自贸协定不仅增加了对规则议题的讨论，而且通过增加硬条款、细化具体程序性要求、与争端解决机制挂钩等多种方式加强了规则对于全体成员的约束力。例如，在环境、劳工、知识产权、国有企业等领域，CPTPP 协定不仅要求各方遵守相关的环境、劳工保护的国际公约，提高相关领域的执法水平，要求国有企业承担更多的信息披露义务，规范国有企业参与政府采购、获得补贴和贷款等行为，而且将其与协定的争端解决机制挂钩，允许这些章节的争端可以适用国际仲裁。在此机制下，一旦 CPTPP 成员有违反协定的行为，将面临相应的惩罚措施，以约束各国政府遵守协定内容。在海关程序、透明度、竞争政策等众多章节，对于涉及成员的国内程序方面，这些协定也提出了严格的时间期限和程序性要求，进一步增强了对成员政府部门的约束力。

TTIP 谈判文本包括国民待遇和商品市场准入、农业（包括转基因食品）、服务、电信、公共秩序、监管合作、技术性贸易壁垒、卫生与植物卫生措施、关税和贸易便利化、竞争、中小企业、公共企业以及国家间争端决议等。同时，欧盟还提出要进一步提高消费者保护标准、食品安全标准和环境保护标准。

2. 传统经贸合作领域制度体系对标以上新规则

对标海关通关监管规则和贸易便利化措施，进一步提升通关效率；对标跨境服务贸易的支付与转移规则，进一步提高支付结算速度；对标投资领域负面清单、资本项目可兑换规则，进一步提高投资自由化便利化水平。

但是，这一领域已经不再是自由贸易协定关注的重点问题，甚至有些传统议题只字未提。这也说明在传统经贸合作领域各国取得了可喜成绩，开放程度相比其他领域要高得多。

3. 新兴对外合作领域规则对标以上新规则

当前，我国正全面推进数字化转型战略，加快建设数字强国，奋力打造数字经济发展新高地。各地自贸试验区应抓住机遇，当好数字化转型的试验田和领头羊。

对标数字贸易与数字货币新规则，应重点对标：一是旨在促进数字贸易便利化、建立互联互通的制度环境，包括"无纸化贸易""电子发票""电子支付""个人信息保护""数字身份"等规则；二是与新兴数字技术相关的规则，包括"金融科技与监管科技合作""人工智能""数据创新"等规则；三是要求加强中小企业合作的规则。

4. "边境后"政策体系对标以上新规则

对标国有企业和指定垄断新规则，各级政府纷纷设立投资公司、控股公司，国有企业经过兼并重组的系列改革之后，以全新的市场主体身份重返市场大舞台，自然垄断、行政垄断、隐性垄断等与高标准国际经贸规则必然存在大量不符措施；对标政府采购新规则，主要经济体都尚未完全开放政府采购市场；对标产业补贴，我国已经加入 WTO《补贴与反补贴措施协议》，之后新的国际贸易协定都承认该协议效力，并且没有做出进一步的安排，只是笼统地要求缔约国对企业的援助要基于非商业考虑；对标知识产权保护规则，知识产权侵权现象仍然易发多发，权利人维权"举证难、周期长、成本高、赔偿低"的局面仍然存在，现有法律制度《中华人民共和国专利法》和《关于强化知识产权保护的实施意见》实施效果距离理想状态还存在较大差距；对标环境保护规则，应实施严格的环境保护制度和执法机制，但是反对把环境问题与国际贸易武断地直接挂钩，并以此为理由阻碍世界贸易的正常进行；对标劳工权益规则，实施严格的劳动保护制度和执法机制，同样反对把劳工问题与国际贸易武断地直接挂钩。

总体来看，我国仍与高标准国际经贸规则有一定差距。13 个主要领域中有 4 个已对标，8 个部分对标，1 个未对标。已对标的议题主要集中在商品贸易、数字货币、产业补贴、环境保护，这表明我国在这些领域已经达到了国际先进水平。在服务贸易、国际投资、数字贸易、跨境人员流动、国有企业、政府采购、知识产权、劳工权益等领域上与高标准国际经贸规则仍有一定差距。在行业规则与行业标准上，我国与高标准国际经贸规则存在较大差距，亟须加大开放型经济的风险压力测试，逐步实施符合我国特色和定位的高水平开放政策，实现与高水平国际经贸规则的顺利对接（见表 4-48）。

表 4-48　总结：对标高标准国际经贸规则分析

高标准国际经贸规则	我国		
	已对标	部分对标	未对标
商品贸易	√		
服务贸易		√	
国际投资		√	
数字贸易		√	
数字货币	√		
跨境人员流动		√	
国有企业		√	
政府采购		√	
产业补贴	√		
知识产权		√	
环境保护	√		
劳工权益		√	
行业规则与行业标准			√

第五章
我国吸引外资的区位竞争优势演进分析

第一节 对外直接投资区位选择分析

一、对外直接投资区位选择研究述评

在对外直接投资的理论研究方面，一些理论涉及跨国公司对外直接投资的区位选择问题，但这些理论大多从某一个角度分析直接投资区位选择的影响因素。例如，雷蒙德·弗农（Raymond Vernon）于20世纪60年代提出的产品生命周期理论，就是从微观角度出发研究产品生命周期对企业海外生产区位的选择；罗伯特·Z. 阿利伯（Robert Z. Aliber）的通货区域理论则从宏观的货币因素出发讨论跨国公司的直接投资区位选择问题；日本一桥大学教授小岛清（Kiyoshi Kojima）于20世纪70年代提出的边际产业投资论，是从比较优势出发，沿着传统贸易理论的思路证明，一国的直接投资应从本国不具有比较优势的产业开始，将在该产业上具有显著或潜在比较优势的国家作为东道国。

与上述理论相比，约翰·邓宁（John H. Dunning）的国际生产折中理论则更加全面地考虑了影响国际生产区位决策的因素。他认为，进行对外直接投资的跨国公司，一般同时具备所有权特定优势、内部化优势和区位特定优势。其中，区

位特定优势是指东道国能为外国投资者提供的独特的、优越的投资条件，是东道国固有的、不可移动的要素禀赋优势，其直接影响跨国公司对外投资的战略部属和生产布局。区位优势取决于一系列要素，包括东道国的要素投入和市场分布状况，劳动力、能源、原材料等要素的质量与价格，运输和通信成本，基础设施发展水平，政府干预与调节经济的范围和程度，外资政策与贸易壁垒，金融状况和金融制度等。由于区位优势的不可复制性，跨国公司只有对东道国进行直接投资才能加以利用。

在对外直接投资的实证研究方面，关于区位选择的实证分析并不缺乏，这些研究大都以制造业直接投资为对象。Cieslik 和 Ryan（2004）利用引力模型和经济潜力分析框架来解释日本对欧洲的直接投资流动现象。实证结果显示，日本企业通常选择有较高经济潜力的国家作为直接投资的目的地。Lau（2003）通过研究发现，文化距离和心理距离是企业对外直接投资区位选择的决定因素之一，并得到了香港服装制造业的实证支持。Mayer 和 Mucchielli（1998）对 1984~1993年日本在欧洲投资区位分布的研究发现，日本企业选址的集聚现象产生了自我加强的正外部性，由此得出一国区位的吸引力与其国内直接投资集聚程度正相关。Cheng 和 Kwan（2000）通过对中国 1985~1995 年 29 个地区直接投资数据的分析发现，较大的地区市场、良好的基础设施和优惠的政策对吸引直接投资有积极的影响。Gastanaga 等（1998）通过 49 个欠发达国家 1970~1995 年的跨行业时间序列数据对政府政策改变东道国区位优势、继而对直接投资流入产生的影响作了多元回归分析。Nachum 和 Wymbs（2002）强调企业特征与区位特征共同决定区位选择，其中企业的市场经验、兼并的地理范围、企业规模是重要的企业特征。List 和 Co（2000）运用条件 Logit 模型研究国家环境政策对 1986~1993 年跨国公司新企业选址决策的影响，研究表明环境政策对企业选址具有重要影响。Tung 和 Cho（2000）利用中国数据的研究表明，税收激励可以有效吸引外国企业来华投资。

二、UNCTAD 区位因素分析框架

一些区位因素对各种类型直接投资的区位选择具有重要作用，这些区位因素可称为一般区位因素。一般区位因素主要包括六类：一是基础设施发展水平。一

些基础设施通常是跨国公司分布在全球各地的子公司进行信息共享和学习沟通的重要途径，一个国家较好的基础设施状况会增加对外商直接投资的吸引力。二是市场规模和市场潜力。东道国市场规模和市场潜力是市场导向型直接投资的重要影响因素。联合国贸发会（UNCTAD）及相关研究表明，东道国市场规模和潜力是影响外商直接投资的主要因素之一。三是东道国产业发展水平。东道国产业发展水平与外商直接投资的技术含量和规模一般呈正比。四是东道国贸易开放程度和进出口规模。五是劳动力资源与劳动力成本。许多研究表明，东道国丰富的劳动力资源和低廉的劳动力成本是吸引跨国公司进行直接投资的重要条件。六是直接投资的聚集程度。一些研究表明，直接投资存在自我强化效应，直接投资存量越大的国家越能吸引更多的直接投资。

　　UNCTAD 提出了一个影响外商直接投资区位因素的综合性分析框架，将相关因素归纳为三大类：政策框架（Policy Framework for FDI）、经济决定因素（Economic Determinants）和商业便利化措施（Business Facilitation）（见表5-1）。

表 5-1　FDI 的区位决定因素

东道国政策框架	政治经济环境的稳定性
	对外国投资者的进入和经营的规定
	外国分支机构的标准和待遇
	市场机制和市场结构
	私有化政策
	贸易政策
	税收政策
	区域合作框架
商业便利化措施	投资促进服务
	投资激励（包含金融和财政）
	减少紊乱成本（腐败，政府办事效率等）
	生活质量（高质量的饭店、商业服务等）
	投资后服务

经济决定因素	市场规模和人均收入
	市场增长率
	区域性和全球性市场准入
	一国特定的消费者偏好
	市场结构
	原材料
	低成本的非熟练劳动力和熟练劳动力
	技术和创新能力
	营销网络
	基础设施（港口、公路、电力、通信）
	资源和资产的价格
	运输成本
	中间品价格
	区域一体化协定的成员资格

资料来源：《世界投资报告》。

第二节　政府 FDI 政策框架分析

一、税收政策

政府 FDI 的政策框架因素包括外资引进与经营政策、私有化政策、贸易政策以及税收政策等。鉴于全国的外资政策具有统一性和考虑到数据的可得性，本部分仍以河南为例从税收政策方面分析吸引外资的区位竞争优势。

在中国，在制定地方政策和灵活执行中央法律法规方面，地方政府被赋予了较高的自主权。地方政府为了吸引外资，会结合地方实际情况对外商投资企业采取税收优惠甚至减免的措施。比如，2017 年，国务院印发的《关于扩大对外开放积极利用外资若干措施的通知》指出，允许地方政府在法定权限范围内制定出台招商引资优惠政策。为贯彻落实该文件精神，河南省出台了《河南省人民政府关于扩大对外开放积极利用外资的实施意见》。其中规定，"对河南省就业、经济发展、技术创新贡献大的外资项目，可实行'一企一策''一事一议'"。2018 年，《国务院关于促进外资增长若干措施的通知》指出，"将服务外包示范城市符合条件的技术先进型服务企业所得税优惠政策推广到全国"。河南省及时出台相关实施意见，"经认定为技术先进型服务企业的外商投资企业，减按 15%的税率征收企业所得税"。

通常情况下，税负水平可以反映一个地区企业的经济负担，从而影响该地区对外资的吸引力。税负水平可以用地方税收收入与地区生产总值的比例来衡量。如表 5-2 所示，河南省的税负水平在全国排在末位。在"十一五"期间，河南税负水平仅高于西藏，在中部六省中排在末位。到"十二五"期间，河南税负水平仅高于湖南，在全国排在倒数第二位。进入"十三五"期间，河南税负水平依然排在全国倒数三位。由此可见，较低的税负水平成为河南吸引外商外资创办企业的区位竞争优势。

表 5-2 河南省税负水平及其排名

年份	税收收入与 GDP 之比	中部六省排名	全国排名
2007	0.04163	6	30
2008	0.04119	6	30
2009	0.04217	6	30
2010	0.04402	6	31
2011	0.04690	5	30
2012	0.04965	6	31
2013	0.05481	5	30
2014	0.05585	5	30
2015	0.05679	5	30
2016	0.05333	5	30
2017	0.05228	5	30
2018	0.05528	5	29
2019	0.05291	5	29
2020	0.05090	5	29

注：税收收入与 GDP 指标来自《中国统计年鉴》（2007~2021），两者之比由作者计算得出。

理论和经验研究表明，影响外资区位选择的因素众多，其中，一些因素是一个地区无法决定和影响的因素（如中央政府的外资政策），另一些因素是本地区可以直接控制和施加影响的，因此，对这些因素的协同分析对于提升特定地区的区位优势就具有非常重要的意义。

二、政策协同

外商投资政策是一项涉及领域宽、覆盖面大、时间跨度长的系统工程，关系我国经济社会全方位发展，其内容和范围已经超出单一部门职能权限的定位，虽经各级政府的不断努力，也取得了辉煌的成果，但无论是部委之间、地方政府之间还是各部门之间协调难度大、协调成本高的问题仍普遍存在，一定程度上影响了外商投资政策的进一步实施。为了进一步完善外商投资政策协同治理机制，全面推动我国外向型经济发展，本部分根据 Candel 和 Biesbroek（2016）构建的政策协同分析框架，从政策框架、子系统、政策目标、政策工具四个方面提出评价标准，探究外商投资政策协同的短板。

（一）政策框架

缺乏协同的政策框架可能会带来严重的风险。例如，由于缺乏对货币和监管政策子系统之间协调的必要性的认识，促使美国次级抵押贷款市场崩溃，最终导致 2007~2009 年金融危机。

根据对相关政府人员的深度访谈整理和实地考察，外商投资政策的协同程度大致处于第三等级（见表5-3），即政府认识到了外资问题的跨领域性质，也构建了相应的协调框架，但仍在政策产出和决策上表现出一定程度的协同失灵现象。政策产出上的协同失灵主要体现在各项政策、标准、规划之间的互相重叠冲突，例如，商务部为一些地区吸纳外资提供了补助资金，但工信部专项扶持计划同样编列了类似的补助，这就造成部分地区针对吸纳外资可以重复申请补助，造成了财政资金的浪费。决策上的协同失灵体现为决策的碎片化，为了支持吸引外资，发改委建立了各省吸纳外资的考核制度，商务部要求加大边境经济合作区发展，工信部要求对吸纳来的外资进行一定的奖励，从字面上来看，似乎每个部门都在为我国外向型经济发展做贡献，但从总体战略上考量，政策效果似乎还有提升的空间。

表5-3　政策框架的四种表现形式

等级	政策框架的四种表现形式（协同程度由低到高）
1	没有推动协同，问题的跨领域性质未被发现，并且该问题被认为属于特定子系统的范围之内，其他子系统的工作不作为问题治理的一部分
2	没有大力推动协同，人们已经意识到，不同子系统的政策输出会影响政策结果以及外部性和无害化问题，仍然认为该问题主要属于特定子系统的范围之内
3	由于人们越来越认识到问题的跨领域性质，因此形成了一种理解，即不应将问题的处理仅限于单个领域，应进行相关的协调使其保持一致
4	人们普遍认为问题不仅限于子系统，而且应由整个治理系统来治理，希望子系统按照一种共享的"整体"方法来工作

（二）子系统

改革开放以后，我国的外商投资政策存在重心下移、经济社会性增强，主体多元化的特点，所涉及的经济、社会问题也日渐增多。商务部及各级商务主管部门职权有限，外商投资政策的顺利实施离不开各个子系统的互相协调配合。根据深度访谈资料整理所得，外商投资政策所涉及的各个子系统均对政策推进做出了杰出的贡献，政策推进中也设立了相应的协调推进机制，但各个子系统之间的协调交流仍存在一定短板，相关子系统参与的表现层次位于第三等级（见表5-4）。

表5-4　子系统参与的表现层次

等级	涉及的子系统	相互作用的频率
1	各个子系统独立地管理问题；可能有大量的决策影响其他子系统	没有互动
2	各子系统逐渐认识到主导子系统无法单独管理问题和外部性，这导致在一个或多个其他子系统中出现对该问题的担忧	各子系统之间的信息交流很少
3	各子系统已经认识到问题的跨领域性质，多个子系统为这些问题负责	可能通过系统级的协调工具进行定期和正式的信息交换及协调
4	相关的子系统都已经充分参与问题治理；治理问题涉及的子系统数量满足需要，并有少量的辅助子系统参与	正式参与的子系统之间交流频繁，与参与程度较低的子系统保持一定的交流

现实中，外商投资有主体部门化的趋势。我国面积广大，社会、经济情况复杂，生态环境多样，如何在满足我国人民日益增长的美好生活需要的同时，提供

更多优质生态产品以满足人民日益增长的优美生态环境需要，是一个亟待解决的现实问题。外商投资政策的目标之一就是实现生态良好绿色发展，但改革开放以来商务部与环保部门联合发文数量偏少。商务部门与政府其他部门之间的沟通合作也具有阶段性的特征。例如，中央在某一时段突出强调了外资事务，商务部门与其他部门之间的联合发文频率和数量都会上升，总体呈现非持续性、不稳定合作的规律特点。这也侧面反映了我国外资事务各部门间以权威为依托的纵向协同模式。

（三）政策目标

对于跨领域的政策问题，不同领域和相关子系统的目标相互关联尤其重要。理想情况下，所有政策的目标都是关注交叉问题，然而在实践中，由于信息不对称，部门价值导向不同等原因，在制定和感知各种政策目标的方式上往往存在根本性的差异，"政策撞车，政策打架"的现象时有发生。由于政策目标一体化程度较低，各个子系统对本部门利益和环境因素考虑过多，导致子系统自主和部门性的目标设定阻碍了政策的一体化。通过对外资企业的实地考察与深度访谈资料的整理，我国在设计外商投资政策时，与其他部门共同考虑了政策目标的一致性，但目标冲突仍时有发生，政策目标协同的表现层次位于第二等级（见表5-5）。

表5-5　政策目标协同的表现层次

等级	政策目标的表现层次	目标协同性
1	政策目标仅嵌入了主导子系统	协同性很低或没有；跨部门性质无法识别，或各部门均有自己的目标
2	政策目标适用于多个方面	各主要部门的政策目标会考虑外部性及与其他子系统的交叉
3	多个部门的政策目标进一步多样化	协调各部门的目标，增加协同性
4	所有潜在的部门均嵌入了相关的政策目标	在总体战略中嵌入政策目标

为了达成提升营商环境质量的政策目标，我国政府在其政策框架之内要求加大各类金融机构，特别是涉外金融机构对外商投资企业的支持力度，拓宽外资企业的资金来源渠道，降低外资企业的融资成本。浙江省政府直接要求运用再贷款、再贴现等政策，引导金融机构加大对外资企业的信贷支持，进一步加大政策

性金融服务对重点外资企业的信贷投放和支持力度。但部分地区金融口的一些机构却仍然对外商投资企业的贷款门槛设置得偏高，理由是防范信贷风险与维护金融稳定。由于外资问题的特殊性，政府部门有时把外资事务的政策目标与类似政策甚至其他领域政策混为一谈。

（四）政策工具

政策工具包括治理系统和相关子系统内的实质性和程序性政策工具。实质性的政策工具支配了资源的组织和分配，直接影响了社会提供的商品和服务的性质、类型、数量和分布。程序性政策工具旨在通过操纵政策过程间接影响结果。治理体系层面部署的程序性政策工具可以协调各子系统的政策方向，保障整个工具组合的一致性，对政策协调尤为重要（因本文篇幅有限，暂时只讨论程序性政策工具）。例如，芬兰科学和技术政策理事会等协调机构有效促进了各领域之间科学技术政策的协调发展。

根据对外商投资政策的实地考察和深度访谈资料的整理，各级政府为吸纳外资所设立的程序性政策工具大概属于第三等级（见表5-6）。为了提升营商环境质量，我国政府也设立了纵向和横向的程序性政策工具，试图解决协调的难题，但均存在一些短板。以权威为依托的纵向协同模式是我国跨部门协同的主要模式，具有力度大、见效快的特点。横向的协调机制则以部际联席会议为主，各地商务部门依托类似的"部际联席会议"，有效推进了外商投资政策。但在我国特殊氛围的影响下，这类横向协调机制日益受到各部门利益的约束，且我国政府倾向于限制此类"部际联席会议"的数量，叠加横向协调机制普遍存在规范化不足的问题，进一步降低了横向协调效果。

表5-6　政策工具的四种形式

等级	政策工具	协同性
1	没有相关的程序性政策工具	政策工具纯粹是部门性的，没有协同性
2	有一些关联整个系统的程序性政策工具	各子系统开始考虑因政策工具所造成的外部性
3	促进协同的程序性政策工具数量不断增加	各子系统尝试通过调整程序性政策工具来加强协同
4	系统级的程序性政策工具，包括跨部门的协同、引导及监督功能	经过对程序性政策工具的全面考量，形成了旨在满足一系列相近目标的跨部门程序性政策工具

第三节 营商环境分析

一、总体评价

总体来看，我国营商环境整体评价良好。尽管受经贸形势不确定影响，但在党中央、国务院的统一部署下，我国较好地统筹了发展和安全，做好了"六稳六保"工作，科学精准实施宏观政策，推动经济持续发展，扩大高水平对外开放。

参照 2022 年 4 月 29 日发布的《2021 年度中国营商环境研究报告》，2021 年我国营商环境评分为 4.38 分，与 2020 年相比提高 0.03 分。在全部的 12 个指标中，11 个指标有所上升，1 个指标略有下降（见图 5-1）。总体来看，财税服务获得的评分最高，其次是海关服务环境、社会法治环境和社会信用环境。人力资源服务环境、金融服务环境评价相对较低。

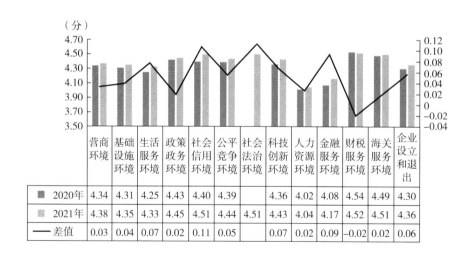

	营商环境	基础设施环境	生活服务环境	政策政务环境	社会信用环境	公平竞争环境	社会法治环境	科技创新环境	人力资源环境	金融服务环境	财税服务环境	海关服务环境	企业设立和退出
2020年	4.34	4.31	4.25	4.43	4.40	4.39		4.36	4.02	4.08	4.54	4.49	4.30
2021年	4.38	4.35	4.33	4.45	4.51	4.44	4.51	4.43	4.04	4.17	4.52	4.51	4.36
差值	0.03	0.04	0.07	0.02	0.11	0.05		0.07	0.02	0.09	−0.02	0.02	0.06

图 5-1　2020~2021 年中国营商环境细分指标评价

注：社会法治环境为 2021 年新设指标。

资料来源：《2021 年度中国营商环境研究报告》。

2021 年的全国营商环境成就主要表现为：一是有效的监管体系为简政放权提供保障；二是法治化营商环境日趋完善；三是减税降费措施成效显著，企业感受到"真金白银"的实惠；四是贸易投资便利化大幅提升；五是传统基建和"新基建"持续优化。

此外，"十三五"期间，中国营商环境持续优化，各地展开了原创性、差异性探索，形成了一批实践证明行之有效、人民群众满意和市场主体支持的改革举措和典型经验，有利促进各地互学互鉴，推动营商环境进一步优化升级。

但总体来看，我国营商环境仍存在一定的优化空间：一是个别地区政务服务仍存在短板；二是部分政策科学性水平有待提升；三是企业生产成本逐步提高；四是多地反映员工招聘困难；五是融资难问题仍然制约企业发展；六是产业配套体系仍需完善；七是国际不确定性因素增加。

二、细分指标评价①

具体而言，在基础设施方面，我国水电气供应的评价较高，东中部的评价总体上升。2021 年针对基础设施环境的评价总体良好，达到了 4.35 分，比 2020 年的 4.31 提升了 0.04 分。分项来看，水电气的评分最高，环保设施评分提升最多，但交通运输评分出现了一定的下降。东部地区的评价要显著高于西部地区，东部地区在较高的分数基础上有了进一步的提升，中部地区提升的幅度最为显著，但总体分数仍未超过东部地区，西部地区的分数略有下降。外商独资企业的评分最高，且同比提升较大，但其他所有制企业评分较低。传统制造业的评分相对较高，但建筑业评分较低，同比上也是传统制造业提升最高，但资源行业和服务行业略有下降。

在生活服务方面，我国的社会治安广受好评，但教育水平的评分却有待提升。具体而言，2021 年针对社会治安的评分较高，达到了 4.53 分，教育水平评分低至 4.22 分。同比 2020 年，提升最高的是医疗卫生和文体设施。在生活服务上，东中部地区的评价较高，但西部地区评价较低；中外合资、合作企业的分数较高，但其他所有制的分数较低。从行业角度来看，传统制造业的分数较高，但

---

① 本部分数据来自《2021 年度中国营商环境研究报告》。

建筑业的分数较低，其他行业的分数差距不明显。

在政策服务方面，我国的官员廉洁程度受到了赞誉。具体而言，首先是我国官员的廉洁程度得分最高，达到了 4.52 分，政府服务效率得分也较高，达到了 4.46 分；其次是政策执行力度和政策公平性，达到了 4.45 分、4.44 分。同比 2021 年，进步最大的是政府服务效率，政策执行力度也有较大幅度改善。从地区角度来看，2021 年东部地区评价最高，中部地区虽然 2020 年得分低于西部地区，但与 2021 年同比改善较为显著，西部地区 2021 年评分负增长，导致 2021 年西部地区得分显著低于东部区域和中部地区。从企业角度来看，涉外企业和国有企业评分整体较高，其他所有制企业评分最低。传统制造业和高新技术产业整体得分较高，但建筑业得分较低。

在社会信用方面，社会信用度、征信体系建设和失信惩戒、守信奖励机制建设得分均较高。具体而言，得分最高的是社会信用度，达到了 4.53 分；其次是征信体系建设，仅以 0.01 分之差落后于社会信用度，达到了 4.52 分；失信惩戒、守信奖励机制建设最低，为 4.47 分。同比 2020 年，得分上升最高的是征信体系建设，其他两项也有一定程度的上升。从地区角度来看，东部地区评价最高，中部地区得分上升显著，但西部地区得分有一定的负增长。从企业角度来看，涉外的中外合资、合作企业得分最高，外商独资企业虽然得分仅为第二，但得分同比上升最高。从行业角度来看，传统制造业得分最高，其他产业、高新技术产业同比上升显著，但资源行业和服务行业得分下降。

在公平竞争方面，市场监管整体得分较高，但部分领域得分有下降的趋势。市场主体对公平竞争整体评价良好，得分达到了 4.44 分。具体而言，市场监管得分最高，但形成鲜明对比的是，政府采购、行政垄断指标得分偏低。市场监管得分第一，达到了 4.48 分，其他指标得分差异较小，其中，市场准入得分为 4.45，政府采购和行政垄断得分均为 4.43。同比来看，所有指标均有不同程度的提升，政府采购得分提升最多，但市场监管得分提升较低。从地区角度来看，东部地区仍然得分最高，中部地区得分提升显著，但西部地区得分出现负增长。从企业角度来看，涉外企业得分仍然较高，但同比 2020 年国有企业得分提升最多，其他所有制企业有一定的下降。从行业角度来看，传统制造业、其他行业和高新技术产业提升显著，但资源行业和服务行业的得分为负增长。

　　在社会法治方面，得分较高，且各分项指标得分无较大差距。社会法治总体得分为 4.51，在整体指标中排名第二，其所有的二级指标极差较小，仅为 0.04 分。其中，得分最高的是政府依法行政和法律监督，均为 4.53 分；最低的是法院与仲裁按期审结案件、法院判决仲裁裁决执行，均为 4.49 分。具体而言，东部地区得分仍然显著高于西部地区。从企业角度来看，中外合资、合作企业评价较高，外商独资企业和国有企业次之，最低的仍然是其他所有制企业。从行业角度来看，传统制造业得分最高，其次是高新技术产业和资源行业，建筑业得分最低。

　　在科技创新方面，总体得分达到了 4.43，处于所有指标的中游水平。科技创新的所有二级指标得分接近，极差仅为 0.06 分，其中，得分最高的是研发抵扣政策实施，为 4.47 分，其次为知识产权抵押和公共服务平台建设，均为 4.44 分。产学研结合和创业孵化服务评价最低，得分均为 4.41 分。同比 2020 年，知识产权抵押提升最高，提升最低的是产学研结合和创业孵化服务。从地区角度来看，东部地区和中部地区同比提升较大，但西部地区同比有一定的负增长。从企业角度来看，国有企业相比于 2020 年得分提升最高，其中涉外企业得分最高，其他所有制企业同比 2020 年得分有一定的倒退。从行业角度来看，其他行业、传统制造业和高新技术产业同比提升最高，但资源行业、服务行业和建筑业同比出现下降。

　　在人力资源方面，整体得分较低，排在一级指标的末位。2021 年，人力资源指标得分仅为 4.04 分，同比 2020 年的 4.02 分仅有小幅度增长。从细分指标来看，得分最高的是熟练劳动力可获得性，为 4.11 分，得分最低的是社会专业化人才可得性，仅为 3.97 分。同比 2020 年，得分提升最多的是创新创业人才的可得性，但中高层管理人员的可获得性得分有一定程度的下降。从地区角度来看，中部地区得分显著提高，东部地区得分仍是第一，但和中部地区的差距在快速缩小，西部地区同比 2020 年有一定程度的下降。从企业角度来看，国有企业得分最高，且同比 2020 年提升显著，得分最低的是中外合资、合作企业，且同比 2020 年有一定程度的下降。从行业角度来看，得分最高的是资源型行业，建筑业得分较低，且同比 2020 年有较大幅度的下降。

　　在金融服务方面，虽然近些年进步较大，但总体得分仍不容乐观。2021 年，金融服务得分仅为 4.17 分，在所有一级指标中排在靠后的位置。从细分指标来看，得分最高的是融资便利性，达到了 4.18 分，且同比 2020 年有 0.11 分的提升，融资渠道多元化得分为 4.16 分，同比 2020 年提高 0.08 分。从地区角度来看，东部地区和中部地区得分同比提升显著，但西部地区同比有一定程度的下降。从企业角度来看，外商独资企业得分最高，且同比 2020 年有大幅度的提升，其他所有制企业得分最低，且同比 2020 年下降幅度较大。从行业角度来看，得分最高的是资源行业，但高新技术产业同比 2020 年提升最大，建筑业虽然同比有一定增长，但得分仍然最低。

在财税服务方面，总体得分为所有一级指标中最高的。2021 年，财税服务得分达到了 4.52 分的优秀水平，但细分指标同比 2020 年有下降的趋势。具体而言，财税执法规范性和申请退税办理时间得分同比 2020 年有 0.03 分、0.01 分的下降。从地区角度来看，中部地区得分同比显著提高，但与此相对的是，西部地区得分同比下降较大。从企业角度来看，外商独资企业得分同比提高较大，但私营和其他所有制企业得分下降。从行业角度来看，传统制造业得分最高，且同比 2020 年得分有小幅度上升，建筑业得分最低，但服务行业同比 2020 年有大幅度下降。

在海关服务方面，总体得分为所有一级指标中第二高的。2021 年，海关服务得分高达 4.51 分。具体而言，海关服务上的所有二级指标之间的差值较小，均达到了优秀水平。从地区角度来看，东部地区的得分最高，且同比 2021 年有较大幅度增长，但增长最高的是中部地区，同比 2020 年增长 0.23 分，遗憾的是西部地区同比 2021 年有一定的负增长。从企业角度来看，得分最高的是传统制造业，达到了 4.61 分，建筑业得分最低，同比 2020 年，建筑业和服务行业均有一定的负增长，其中服务行业下降幅度较大。

在企业设立和退出方面，整体评价处于一级指标中等偏下。问卷结果显示，企业设立和退出得分为 4.36，在 12 个一级指标中排名第 8。具体而言，在细分指标中环保手续在材料提供和办理时长上均具有一定优势，整体评价也最高，相对而言，土地获取评价最低，但同比 2020 年有较大程度上升。从地区角度来看，东部地区的评分达到了 4.55 分，中部地区的评分虽然不及东部地区，但同比 2020 年增幅最高，达到了 0.24 分，西部地区同比 2020 年有 0.12 分的负增长。从企业角度来看，中外合资、合作企业评分最高，同比 2020 年有 0.19 分的提升，私营企业评分最低，但其他类型企业同比 2020 年有 0.25 分的下降。从行业角度来看，传统制造业评分最高，最低的是建筑业和服务行业。

总体而言，我国的投资促进措施也经历了三代：①第一代投资促进政策主要是通过放松管制和提供特殊优惠政策来吸引更多的外商直接投资。②第二代投资促进政策的特点是总结了单纯依靠优惠政策刺激投资引发的诸多负面效应，把本国作为 FDI 目的地积极进行推销，其最典型做法是建立代表政府的投资促进机构，并根据本国的要素条件所形成的产业政策和产业化目标，采用四处出击的招商引资方法来选择跨国公司合作伙伴，再通过一系列的公关、联络活动吸引这些跨国公司到本国投资，然后通过"以外引外"等举措逐步形成产业集聚。③第三代投资促进措施为克服上述种种缺陷应运而生，其主要特点是采取一些更具针对性的引资措施和制度安排，把各国、各地区自身特定的比较优势与特定外国投资者的具体需求成功地结合起来，以完善的法律规范和拟定吸引外资的前瞻性措施作为出发点，同时根据本国经济的优先发展领域，在产业、行业和企业范围中选定合适的外国投资者，并努力满足它们在生产活动和产业集聚层面对地理位置及良好品牌形象的要求。

第四节　经济决定因素分析

一、市场规模

对于市场导向型的外资而言，一个地区的市场规模通常是影响其区位选择的重要因素。一般情况下，东道国市场容量越大，外商直接投资流入规模越大。一个地区人口多、人均收入高、收入增长迅速，这些都预示着人们对产品的需求会大量增长，从而使外商的投资获得可观的回报。中国面积约 960 万平方千米，2020 年末全国总人口超过 14 亿人，多于除亚洲之外的所有大洲人口。巨大的人口数量成为广阔市场的基础。2022 年，中国居民人均可支配收入为 3.69 万元，人均消费支出 2.45 万元，农村居民人均可支配收入 2.01 万元，人均消费支出为

1.66 万元。尽管收入和支出水平较低，但由于人口规模巨大，使中国形成了庞大的消费市场①。

经过四十多年的改革开放和快速发展，我国的经济总量已经跃居世界第二，2022 年 GDP 为 121.02 万亿元。2006~2022 年，我国生产总值占世界比例一直处于稳步上升状态（见表 5-7）。经济规模的总量在很大程度上代表了经济发达程度以及经济进一步发展所具有的基础，这无疑对寻求长期高额收益的外商具有强烈的吸引力。

表 5-7　2006~2022 年我国 GDP 及占世界 GDP 比重

年份	GDP（万亿元）	占世界 GDP 比重（%）
2006	21.94	5.3150
2007	27.01	6.0846
2008	31.92	7.1651
2009	34.85	8.3904
2010	41.21	9.1391
2011	48.79	10.2244
2012	53.85	11.3008
2013	59.29	12.3319
2014	64.35	13.1384
2015	68.88	14.7119
2016	74.63	14.6914
2017	83.2	15.1232
2018	91.92	16.0714
2019	98.65	16.2929
2020	101.59	17.2582
2021	114.92	18.3748
2022	121.02	

资料来源：《中国统计年鉴》（2007~2021），部分来源于 http：//www.gov.cn/xinwen/2023-01/17/content_5737639.htm。

---

① 国家统计局.2022 年全国居民人均可支配收入 36883 元［EB/OL］.［2023-01-17］.https：//m.gmw.cn/baijia/2023-01/17/1303257231.html.

二、劳动力成本

劳动力成本是跨国公司运营成本的主要构成部分。在其他条件不变的情况下，东道国的人力成本越低，其对 FDI 的吸引力则可能越大。这里，我们用私营和非私营城镇单位就业人员平均工资表示人力资源成本。

如表 5-8 所示，城镇单位就业人员基本工资虽呈现逐年升高的趋势，但其绝对数字仍然偏低，远不及发达国家的平均工资水平。这说明，低廉的劳动力成本仍将成为我国吸引外资的重要竞争优势。

表 5-8　2010~2020 我国私营和非私营城镇单位就业人员年平均工资

年份	非私营单位城镇就业 人员平均工资（元）	私营单位城镇就业 人员平均工资（元）
2010	36539	20759
2011	41799	24556
2012	46769	28752
2013	51483	32706
2014	56360	36390
2015	62029	39589
2016	67569	42833
2017	74318	45761
2018	82413	49575
2019	90501	53604
2020	97379	57727

资料来源：《中国统计年鉴（2021）》。

三、基础设施

在经济决定因素中，另一个重要的指标是基础设施状况。交通基础设施几乎在所有的研究中都被确认为显著的区位因素。考虑到我国交通运输的现实情况并为了统一数据口径，本文选取公路里程和铁路营业里程（万千米）来代表交通运输能力，所有数据来自 2013~2021 年《中国统计年鉴》。

公路里程数越大，表示交通运输能力越强，对外商越具有吸引力。如表 5-9 所示，2010~2020 年，我国的公路里程和铁路营业里程稳步增长。这说明，以交通基础设施来说，我国吸引外商直接投资的优势比较明显。尤其随着高速铁路的建设以及各大机场的建设，铁路、航空运输能力必将迈上一个新的台阶，势必巩固我国吸引外资的交通优势。

表 5-9　中国公路里程和铁路营业里程　　　　　　　单位：万千米

年份	公路里程	铁路营业里程
2010	400.82	9.12
2011	410.64	9.32
2012	423.75	9.76
2013	435.62	10.31
2014	446.39	11.18
2015	457.73	12.1
2016	469.63	12.4
2017	477.35	12.7
2018	484.65	13.17
2019	501.25	13.99
2020	519.81	14.63

资料来源：《中国统计年鉴》（2013~2021）。

第五节　我国吸引外资区位竞争优势的总体评估

结合上述分析，我国吸引外资的区位优势主要体现在以下方面：

（一）现有优势

一是市场规模较大。人口数量和地区生产总值是表征市场规模的重要指标。一直以来，作为人口大国，我国巨大的人口数量成为广阔市场的基础。此外，我国的 GDP 一直排在世界前列。已有研究表明，GDP 与外商直接投资额显著正相关。这表明，较大的市场规模是我国吸引外商直接投资的一大优势。

二是人力资源成本较低。我国城镇单位就业人员基本工资虽然一直在增长，但绝对值较发达国家仍然偏低，这说明，相对低廉的劳动力成本是我国吸引外商直接投资的比较优势。

三是物流配套系统完备。我国的公路里程和铁路营业里程一直在稳步上升。此外，四通八达的高铁网络、逐步完善的航空体系，都代表着我国物流配套系统的完备性，这说明，在交通基础设施方面，我国吸引外商直接投资的优势比较明显。

四是政策与政府环境较好。我国积极实施促进外资增长政策，及时出台相关外资优惠措施。较低的税负水平成为我国吸引外商外资创办企业的区位竞争优势。同时，积极引导外商对《外商投资产业指导目录》所涉产业项目进行投资，使其获得减免税优惠，对招商引资产生积极推动作用。

（二）潜在优势

遍布全国的自贸试验区和跨境电商综合试验区为我国吸引外资提供了潜在动力。

第一，自贸试验区和跨境电商综合试验区建设为吸引外资带来新机遇。作为全面改革开放试验田和内陆改革开放新高地，河南自贸试验区和跨境电商综合试验区通过体制机制创新，在贸易、金融、投资等领域的改革举措，营造吸引外商投资的政策洼地，将会形成新一轮外商投资热潮，成为吸引外商投资的新动能。

第二，营商环境不断升级。一是外商投资"放管服"改革将会继续深入，政府效率不断提升。准入前国民待遇加负面清单管理模式将会全面推行和优化，进一步便利外商投资企业的设立和变更。二是吸引外商投资的政策环境进一步宽松，《国务院关于扩大对外开放积极利用外资若干措施的通知》允许地方政府在法定权限内出台招商引资优惠政策，为制定吸引外商投资政策提供了支撑和保障。例如，2018 年年初，商务部与河南省政府签署了建立合作机制框架协议，将从自贸试验区和跨境电商综试区、物流业转型发展、国内贸易发展、对外贸易做大做强、开放招商工作、对外经济技术合作、省部人才合作七大方面采取 19 项措施支持河南省发展。三是外商投资法律环境进一步完善。《中华人民共和国外商投资法》经十三届全国人大二次会议表决通过，于 2020 年 1 月 1 日开始施行，进一步放宽市场准入，促进外国投资者的长期经营，从法律层面上优化外商投资营商环境。

第三，人才和医疗环境不断改善。一是科技人才质量与充足性提高。劳动力素质提升在未来有可能成为我国吸引外资的重要竞争优势。二是医疗卫生设施的不断完善。经过"十三五"期间的发展，我国的医疗服务水平在不断改善，逐渐成为吸引外商投资的区位竞争优势。

第六章

新时期打造利用外资新优势战略的
方向、重点及实施路径

第一节　国际国内环境带来的挑战

新时期，我国利用外资工作需要创新观念，寻找新的思路、新的视角。要通过建立国际化、法治化、市场化的市场经济环境，全面提升营商环境，打造我国吸引外资新优势。当前，既要注意尽力稳住规模，又要提高利用外资水平。

一、国际挑战

从国际看，世界百年未有之大变局加速演变。一方面，2008年全球金融危机以来，全球化面临的深层矛盾进一步凸显，保护主义、单边主义抬头，严重抑制了全球贸易发展，全球经贸摩擦加剧，地缘政治斗争愈演愈烈，阻碍了商品、服务、资本和技术等要素在全球范围内自由流动，导致商品或服务的市场价格信号失真，资源无法得到有效配置，同时，限制市场竞争会导致创新动力不足。另外，全球经济呈现深度衰退趋势，各国对国际市场和外资的争夺日趋激烈，全球价值链、产业链和供应链布局深度调整。另一方面，《区域全面经济伙伴关系协定》（RCEP）顺利签署，《中欧全面投资协定》（CAI）谈判完成，《中国—新西兰自贸协定升级议定书》生效，双（多）边国际经贸规则加速重塑；新一轮科技革命和产业变革加速演进，新产品、新服务、新业态不断涌现，为我国转变经济发展方式、优化经济结构、转换增长动力提供重要机遇。2018 年，全球贸易摩擦升级，世界经济也可能因此陷入危机。突出表现为：一是跨国公司盈利持续下降，全球外商直接投资（FDI）下降；二是美欧国家前期鼓励产业回归，现在主张全产业链回迁本国，以确保国家供应链安全；三是发展中国家加大引资力度，尤其是印度、东南亚等周边国家吸引外资竞争力增强；四是对世界经济的悲观预期，导致国际资本重新配置全球价值链、供应链。

从生产力的角度看，经历了 20 世纪 90 年代互联网的发展，信息化时代已经发展为以智能化生产服务体系为代表的新一轮工业革命。在新一轮工业革命方兴未艾之际，我们需要在扩大开放和利用外资中广泛发挥外资的技术外溢效应，推动中国的自动化生产体系建设，避免在新一轮工业化过程中被快速发展的技术进步和快速演进的经济结构变迁所淘汰，这是中国快速成长的机遇，也是中国在高质量发展过程中难得的历史条件。

发达国家谋求改变经济全球化格局。第二次世界大战以后建立起的布雷顿森林体系，曾经为经济全球化奠定了制度条件，20 世纪 90 年代，人类社会处于苏东剧变、信息化加速发展以及经济全球化快速突进同时并存的特殊历史时期。我们抓住了经济全球化发展的机遇，承接全球产业转移，嵌入全球价值链体系，中国经济在融入世界经济体系的同时也取得了巨大的成功。如今，以美国为代表的发达国家在谋求改变国际经贸规则，重塑新型的经济全球化。面对这样的格局，中国应该大胆地自主开放，构建自己的朋友圈，同时联合一切反对贸易保护主义和投资保护主义的国家与地区，共同维护经济全球化的利益。

制造业大规模外溢转变为制造业回流。20 世纪 90 年代之后，中国成功抓住了第三次全球制造业转移的机会，承接来自日本、韩国等国转移出来的制造业，成长为世界制造中心。如今，制造业的大规模外溢，正被发达国家谋求制造业回流所替代。在生产和投资全球化发展过程中，无论是老牌的英国资本主义国家还是后来崛起的美国和日本，都没能避开对外投资加速扩张之后制造业空心化的状况。以美国为代表，奥巴马时期就提出重振制造业计划，特朗普则更明确地通过降税等方式推动制造业回流。发达国家进入了积极争夺外商直接投资的行列，而我们大规模吸收外资的外部环境将面临激烈的竞争和挑战。

跨国公司从欢迎中国开放转变为担心中国开放所带来的竞争。中国打开了国门，外资感觉到中国潜藏着巨大的机会，它们在试探之后更大规模向中国投资。但是随着中国经济的崛起，越来越多的中国企业成长为世界巨头，比如在电信领域，中国的华为、中兴等，都是全球知名企业。在世界五百强中，中国企业的数量越来越接近于美国，居世界第二位。在这种环境下，很多跨国公司都感觉到中国企业的竞争力全面提升了，甚至一些外资企业被挤出了中国的市场，它们开始担心快速成长的中国企业所带来的严峻挑战和激烈竞争。

美国从乐见中国改革开放与发展转变为担忧中国崛起。过去，美国欢迎一个开放的中国融入美国主导的世界体系，这会更有利于加强美国对世界的控制力和领导力。但是中国始终坚持社会主义道路，越来越具有道路自信、理论自信、制度自信和文化自信。在制度竞争中，美国担心中国所带来的严峻挑战，进而转而谋求遏制中国崛起，甚至发动对华贸易战。

二、国内挑战

从国内看，我国已转向高质量发展阶段，更加注重制度型开放和改革系统集成。构建国内大循环为主体、国内国际双循环相互促进的新发展格局，成为中长期经济政策的总体思路。我国对外开放更加系统化、全方位，开放制度更加完善，开放领域更加拓宽，开放载体功能进一步提升。与此同时，国内市场区域竞争加剧，不断上升的物流成本、土地成本以及水电气劳动力等低要素成本，导致传统竞争优势不再显著，但吸引外资新优势尚在形成。这些因素导致我国全球吸引外资的综合竞争地位有所下降。总体上，受国内外环境影响，我国利用外资面临较大压力。主要表现为近年来我国利用外资增速趋缓。事实上，2010 年以后，我国利用外资结束了多年持续快速增长的态势，利用外资规模增速趋缓，总量维持高位震荡。

从历史的经验来看，我国经济已由高速增长阶段转向高质量发展阶段。改革开放 40 多年来，我国始终坚持以经济建设为中心，不断解放和发展社会生产力，国内生产总值由 2006 年的 21.94 万亿元增长到 2022 年的 121.02 万亿元，年均增长率远高于同期世界经济 2.9% 左右的年均增速。我国国内生产总值占世界生产总值的比重由 2006 的 5.31% 上升到 2022 年的 14.63%，多年来对世界经济增长贡献率远超平均水平。我国货物进出口总额从 1978 年的 206 亿美元增长到 2021 年的超过 6 万亿美元，累计使用外商直接投资超过 2 万亿美元，对外投资总额达到 1.9 万亿美元[①]。近年来，中国经济增速逐步放缓，不再追求高增长而转向谋求高质量发展，这就要求外商投资要从数量扩张转向数量与质量并重，尤其要重视提高利用外资的质量和水平。

从工业化水平来看，我国产业结构的升级已经替代了工业化的加速扩张。改革开放以来，中国在利用外资扩大对外开放的过程中承接全球产业转移，并发展成制造业大国。根据国家统计局的统计数据，2020 年，三次产业的比重已经发生了明显的变化，第一产业的比重下降到 7.7%，第二产业为 37.8%，而第三产业上升到 54.5%，已经超过半数，并且还在不断提升[②]。这说明中国已经完成了工业化的起步阶段，但是由于中国既是一个发展中国家，也是一个典型的区域二元结构国家，虽然东部沿海地区和发达城市基本上完成了工业化，但是中西部广大地区特别是边远地区还处在工业化的起步阶段或者是加速发展时期，总体上中国尚未最终完成工业化。第二产业的比重呈现下降趋势，第三产业的比重明显上升，这表明我国正处在从工业化的加速发展阶段向后工业化过渡的新的历史时期，在这个时期经济结构的转型升级就成为最重要的经济课题，外资也必须适应中国总体经济结构转型升级的需要，为中国经济结构转型升级服务。

从市场结构来看，产能过剩取代了短缺经济。计划经济遗留下的市场短缺使人民的生活水平迟迟得不到有效改进，改革开放以后，95% 以上的产品都已经实现供求平衡甚至供过于求，卖方市场被买方市场所取代。总体上形成供过于求的局面，就意味着市场竞争将更加激烈，特别是在 2008 年金融危机之后，外需低迷造成了产能的过剩，国内的很多产能是为国际市场生产的，比如，制造业 40% 以上产能是为满足世界需求的[③]。同时，人民的收入水平持续增长，消费结构也在升级，但是供给结构变化的速率远低于消费结构升级的要求。因此，那些无法有效适应需求变化的供给就成为过剩的产能。在这样的市场结构下，必须避免外

① 资料来源：《中国统计年鉴》（2007～2021）；GDP 突破 120 万亿元中国经济总量再上新台阶 [EB/OL]．[2023-01-17]．http：//www.gov.cn/xinwen/2023-01/17/content_5737639.htm.
② 资料来源：《中国统计年鉴（2021）》。
③ 桑百川利用外资 40 年：历史经验与未来抉择 [EB/OL]．[2019-06-05]．http：//www.71.cn/2019/0926/1060507_3.shtml.

商投资加剧中国的产能过剩，对外资进行结构性的调整。

从比较优势来看，高企的要素成本替代了廉价的生产要素。我国打开国门对外开放吸收外资的时候，恰恰利用了中国劳动力资源丰富、价格低廉的优势。而今天，不仅是劳力无限供给的状态基本上结束了，劳工成本全面提高，其他的要素成本也在快速上涨，包括资本、土地、房产、服务、能源、环境等。只有适应中国经济环境变迁，不再简单希望利用中国廉价的要素成本，而是契合中国经济转型升级，包括供给结构和消费结构升级需要的外资，才能够在中国获得更大的发展机会。

三、国家层面当前需要重视的工作

（一）进一步加大投资开放力度

当前，我国投资准入涉及商务部、发改委、国家市场监督管理总局等多个部门。对外资的准入管理较乱，政出多门，急需建立一个稳定、透明、统一、内外一致的"负面清单"，明确"负面清单"的效力高于其他准入管理措施。但对外开放是我国外向型经济的大局，涉及社会的方方面面，亟须体制上的顶层设计，统筹协调相关部门。

投资开放需最大限度缩减外资准入负面清单。我国的"负面清单"管理模式采取并行模式，即国际协定+内外资一致的特定行业法规，这也是大多数国家实行的模式，但相较美欧日等发达国家和地区仍然有一定差距。科学的"负面清单"需要基于国际比较、理论依据、安全管理的支撑体系，由非由利益相关者、独立的第三方制定。我国应深入梳理有关投资准入的行业目录，具备开放条件的、能够与国际接轨的都应从负面清单中删除。完善中国的外资基础性法律体系，包括科学的负面清单，针对跨国并购的经济安全审查机制与措施，特殊行业内外资一致的法规与监管体系，严格执行《中华人民共和国外商投资法》，避免在负面清单使用模糊的语言，尽量将准入的边界描述清晰。

做好"边境后"管理。"负面清单"的本质是促进开放，安全管理是准入后的监管措施，经济安全本质上不是准入管理，而是后续经营监管，投资准入环节应尽量淡化国家经济安全的影响，不能把事后监管作为事前准入的借口，防止国家经济安全成为市场准入的挡箭牌。"负面清单"解决的是准入问题，准入后的开业和经营在各个行业、各个层面存在的歧视性待遇，是当前影响 FDI 的重要"瓶颈"，应当依据国务院印发的《关于在市场体系建设中建立公平竞争审查制度的意见》，严格审查公平的竞争环境，废除、修改、完善一系列国内行业管理法规。

（二）进一步完善投资政策

除市场准入、投资保护、争端解决以外，投资政策法规也需要调整。长期以来，外资企业进入我国后，在各项待遇上仍然有单独通道，整体上与发达国家的准入后国民待遇有较大差距。外资公司进入以后，其整体待遇应与《中华人民共和国公司法》统一，即内外资区别只有在准入时加以区别，准入后应该统一赋予国民待遇。外资企业开业后的实际经营行为应该与内资一视同仁，受到行业管理部门的统一监管，特别是落实好国务院 5 号、39 号、19 号文件措施①，及国务院关于在市场体系建设中建立公平竞争审查制度的意见。具体而言，应构建便利化的框架结构，持续推动政府管理职能转变，降低外资的规划、土地、环保等前置门槛和开办成本；强化法治建设，在高科技和创新等重点发展领域出台定向激励措施，持续关注知识产权保护，强化落实关于市场公平竞争的意见；打造新型开放载体，推动全国各地自贸试验区的升级与创新，强化各地与自贸试验区的协同发展，加快形成自下而上的全面开放模式。

（三）构筑全方位的具有吸引力的投资环境

在当前竞争激烈的国际背景下，我国需要持续优化营商环境，探索相关改革举措。优化营商环境要重点解决的是体制机制等方面的"软环境"，而不是基础设施、环保等方面的"硬环境"。我国应当坚持市场化、法治化、国际化原则，以市场主体需求为导向，以深刻转变政府职能为核心，创新体制机制、强化协同联动、完善法治保障，对标国际先进水平。破除对市场主体的不合理门槛和限制，营造公平竞争的市场环境。持续优化政务服务，提升政务服务的能力和水平。规范和创新监管执法，维护良好市场秩序。

在宏观层面，我国应着力降低外资企业的经营成本。对于重点领域，强化目标导向型的激励提供，在土地、财税上给予适当优惠；完善公开透明的投资政策

---

① 《中华人民共和国外商投资法实施条例》评介 [EB/OL]．[2019-12-31]．https：//www. thepa-per. cn/newsDetail_forward_5440467.

体系，统筹协调国内、国际双向投资政策，推动国内政策与国际规则兼容；统一打造适合企业发展的微观环境、宏观环境、区域环境、企业环境、人才技术环境、市场环境、法律环境、便民环境、综合环境；强化新型业态的培育，从而把中国吸引外资的潜力转换为现实，特别是市场导向的投资；加强区域经济一体化合作，积极参与全球治理体系，加强周边国家、"一带一路"沿线国家的合作水平。

在地方层面，各部门、各地区应着重打造软环境，切实落实《优化营商环境条例》，打造审批最少、流程最优、体制最顺、机制最活、效率最高、服务最好的"六最"营商环境；进一步挖掘和利用本地特色和优势，把利用外资与优势、特色产业发展结合起来，发展科技创新生态系统；转变思路和招商方式，由单纯依赖优惠政策转向营造综合营商环境优势，打造数字化营商环境，充分依靠各类开发、开放平台功能。

第二节　新时期打造利用外资新优势战略的方向

伴随我国改革开放进程纵深推进，我国迎来对外开放新一轮窗口机遇期。以国内大循环为主体、国内国际双循环相互促进的新发展格局加快构建，"一带一路"建设全面展开，国内外产业持续梯度转移，以及实施创新驱动发展战略、中国制造2025、"互联网+"行动计划等，都为我国深化改革、扩大开放，加快产业转型升级提供了前所未有的战略机遇，我国既要面对挑战，更要把握千载难逢的机遇，找准自身区位特点，不断改善自身投资营商环境，探索新时期我国利用外资新优势打造的战略方向。因此，我国要紧抓产业转移和新一轮产业变革"两个机遇"，强化传统产业升级和新兴产业培育"双轮驱动"，加速经济结构战略调整，创造优质的营商环境，进一步提升对外开放的程度和吸引外资的能力，将我国建设成为改革开放、利用外资的新高地。

一、进一步改善营商环境

营商环境是一个国家或地区经济软实力的重要体现，是提高竞争力的重要内容。当前，伴随着"逆全球化"的发展趋势，主要发达国家企业、资本有逐步外迁的趋势，与此同时，面对经济增长乏力的格局，无论是国家经济体，还是城市经济体都积极"招商引资"，充分借助优势，发挥制度和区位影响力，争抢优势企业、资本。一线城市如上海、北京等持续全面提升营商环境，"放管服"改革措施不断推陈出新。周边国家越南、印度等近年来同样在完善基础设施和投资环境方面下足了功夫。我国作为传统制造业强国，只有积极招商引资，在吸引外资上有所作为，才能迸发新的活力，成为改革开放的新高地。面对双重压力，我国必须强化改革创新，加快形成充满活力、富有效率、更加开放的法治化、国际化、便利化营商环境，让高品质的营商环境成为我国更加出彩的新标志。

近年来，我国全力优化营商环境，大力推进投资项目审批、涉外事项、涉企事项办税便利化、民生服务、"互联网+政府服务"等专项改革，营商环境明显优化。以"三十五证合一"改革为例，自推广以来，实现了"企业设立3个工作日办结"，为企业设立和投入经营节约了大量时间和人力成本，既获得了广大投资者的"点赞"，也体现了"法治化、国际化、便利化"的要求。但依然存在缺乏优化营商环境的顶层设计，各地实施的措施缺乏连续性和持久性，无法形成体系，城市营商环境的协同联动效应没有发挥等问题，这些桎梏降低了市场的活力和市场主体的积极性。因此，结合当前营商环境实际，我国需要进一步聚焦营商环境核心指标，全面压缩办理时限、提高服务效率、降低运营成本，创造更多一流服务实践，促进核心指标排名争先、优化提升带动营商环境持续创优，进而增强市场活力，增强对外资的吸引力。要持续提升政府管理服务的规范化、高效化、法治化、优质化，进而招来客商、留住客商，招来外资、留住外资。尤其在当前信息时代，我国在推进"放管服"改革的过程中，要充分利用大数据、云计算等最新技术开展"互联网+政务服务"，让信息多跑路、市场主体少跑腿，甚至全程网上办理，不跑腿不见面也能办。

二、全面打造开放高地

近年来，我国外商投资"负面清单"的颁布与不断更新为扩大外资开放提供了方向，中国的自由贸易试验区探索，尤其是制度型开放建设实践为我国打造开放高地不断积累着宝贵的实践经验。与此同时，近年来我国在经济发展上取得的成就，相当一部分来源于对外改革开放成果的显现。面对新一轮的经济发展常态，我国需要进一步发挥各地自贸试验区的辐射带动效应，复制推广自贸试验区、自主创新示范区建设经验和政策，进一步深化对外开放的程度。应全力把握深化改革的机遇和方向，进一步压缩外商投资负面清单，放松外资准入限制，增强对外资的吸引力，全面落实国务院发布的"负面清单"管理举措，根据《外商投资产业指导目录》高水平推进自贸区试验区建设及各开发区建设，并支持各地对外口岸扩大开放。形成可复制、可推广的创新性外资服务体制、机制经验和对策，形成全方位开放格局，为外商外资落产落户提供更为优质的服务，包括深化外资管理体制改革，简化外商投资项目管理，以进一步吸引外资，提高外商投资综合服务水平，创造更加开放、便利、透明的营商环境。

三、加快推进产业结构调整

如今，我国生产总值持续扩张，但增长速度逐渐下降到中高速状态。尽管我国大力推进产业结构调整，高成长性产业快速发展，传统支柱产业改造升级步伐加快，战略性新兴产业规模持续做大，现代服务业高质量快速发展，农业在国民经济中的基础性地位更加夯实了第二产业、第三产业所占我国国民经济比重，产业转型升级取得了明显成效。但仍存在着服务业比重低、新兴产业规模小，传统支柱产业比较优势逐步减弱，技术创新能力不足，农业现代化水平不高等问题。因此，我国需要借助外资力量迅速推进产业结构调整，打好产业结构优化升级这张牌。将制造兴国、服务兴国、农业兴国与网络兴国有机结合，在我国经济社会发展进入新常态的背景下，实现经济社会由高速发展向高质量增长转变。

第三节　新时期打造利用外资优势战略的重点

虽然，当前国际环境变数增加，国内经济发展进入新常态，但我国外向型经济却迎来了大有作为的战略机遇期。然而这一机遇期的内涵已然发生了转变，由原来的加快发展速度转变为加快经济发展方式。要想探索出、把握好新时期我国吸引外资的优势战略方向，就要紧抓我国所面临的战略机遇。

经济发展进入新常态以来，外商对我国的投资特征发生显著变化：海外投资规模与外资业绩指数逆势上扬；外资母国地域分布集中度提高，尤以亚洲企业为主；外企多进入第二产业，但第三产业增长迅速；外企注册方式多以合资合作为主，实际经营中独资倾向明显；外企集中于各大城市群，国内地区间引资差异缩小。为进一步提升吸引外资水平，我国应逐渐弱化对廉价劳动力密集型外资投资项目的吸引，鼓励建立合资合作企业，吸引境外大企业，同时加强交通物流基础设施建设。经济新常态下，对于内陆省份和农业大省，要抓住经济发展的新机遇，关键在于利用自贸试验区建设这驾驱动经济增长的"马车"、提升省域范围内对于外商直接投资的吸引力。这已经成为摆在各级政府招商引资与实现跨越式发展工作面前的一个重要问题。

在新的历史时期，我国打造利用外资新优势的战略重点要结合国务院对各大自贸试验区战略定位，笃定改革发展与对外开放的定位与目标，不断优化投资环境，提升对海外直接投资的吸引力和利用效率。并在这一实践过程中：应坚持市场导向，重视政府宏观规划；加强招商引资队伍建设；扩大引资集聚性优势；优化招商引资社会环境；发挥各地市特有优势。

在吸引外资、提升外资利用水平领域，各地纷纷出台"十四五"规划，全面扩大开放、实现产业升级与我国经济社会的跨越式发展，在新时期的改革开放进程中明确了我国进一步深化改革扩大开放的政策支持方向。特别是在我国利用外资新优势的建设上，对于经济社会发展的重点领域吸引外资的政策支持等方面提出了具体措施。各地政府密集出台了《关于以"一带一路"建设为统领加快构建内陆开放高地的意见》等促进各地融入"一带一路"的相关文件，提出要着力提升开放通道、平台基础优势，促进外商投资便利化，持续提升涉外服务能力。

依据各级政府相关规划与政策文件精神，结合我国当前发展阶段、产业转型升级的战略选择以及实现跨越式发展的目标要求，新时期打造我国利用外资优势的战略应从扩大外资准入、营造优质营商环境、借力推进产业结构调整三个方面着手，进一步扩大对外开放，精简审批程序，提供便利化营商环境，同时立足制造业、服务业、农业及现代网络经济产业，实现我国经济社会的高质量发展。

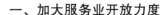

一、加大服务业开放力度

多年来，我国受区位条件、资源禀赋、产业结构、贸易传统、经济外向度等多重因素限制，虽然以东部沿海地区为对外开放龙头，形成了以点带面、对外开放整体提升的蝴蝶效应，但内陆地区总体开放规模偏小、发展水平偏低，对于推动区域开放、承接产业转移方面的示范引领作用不明显，需要根据国家实施的《外商投资准入特别管理措施（负面清单）》进一步深化改革、扩大开放，通过提升对外政府服务水平，进而增强对外资的吸引力。根据《中国制造 2025》中的目标定位与政策规定，不断扩大外资准入领域并优先引导外商投资进入先进制造业领域，在此基础上，深化改革不断扩大服务业开放，开放外资进入基础设施建设领域。鼓励支持海内外企业与科研机构加强合作、创新研发，并全力支持自贸试验区的探索与创新发展。推动跨境投融资创新，以更加开放的姿态、更加便利的服务、更优惠的政策吸引外资进驻。

二、优化外商投资软环境

优质的营商环境是吸引外资的重要手段和砝码，只有营造法制化且公平竞争的市场环境，并依法依规平等、一视同仁地对待外资企业在我国境内生产的产品，使外资企业设立、变更程序以及外商投资项目管理程序得以简化，全方位统筹推进外商投资准入前"国民待遇+负面清单"管理模式的实施，为外资提供优质服务，才能留住外资、吸引更多外资进驻。

一是营造高效便捷的服务环境。使在"一网通办"前提下的"最多跑一次"改革得以全面深化，使"放管服"改革得到进一步深化，并推进审批服务便民化，全面推行审批服务"马上办、网上办、就近办、一次办"机制，进一步提高企业获得感。聚焦企业投资、不动产登记、市场准入、民生事务、建设工程等重点领域及其重点事项，推进项目审批制度的简化，报建程序的优化，以及审批环节和前置事项的精简，合理推行"多评合一、提前介入、多图联审、并联审批以及压缩审批时限"的模式。有效减少企业融资附加费用和企业贷款利率，以提高信贷服务便利度。二是营造开放便利的投资贸易环境。参考全球其他经济体的行动举措，我国需要进一步推进外商投资便利化改革，重点落实并完善内外资企业统一的注册资本制度，取消外商投资公司的最低注册资本要求。研究制定吸引企业地区总部或功能性机构落户的鼓励政策。复制推广服务业改革试点经验，同时制定相关便利化政策，实施外国人才办理签证、永久居留申请审核等出入境便利化政策。三是营造公正法治环境。推行合理的外资政策，在法律法规执行上要充分体现一致性，在投资环境上要充分体现公平性。另外，除确需境外投资者提供信息或法律、法规有明确规定外，保障外资企业能够公平参与市场竞争。与此同时，要加快投资者保护、财产登记、合同执法、企业开办等方面地方立法。依法依规，严格保护外资企业的知识产权，并平等、一视同仁地对待外资企业在我国境内生产的产品，从而为内外资企业参与政府采购招投标营造公平公正的环境。建立健全仲裁调解和维权援助机制以及知识产权执法机制。认真并妥善处理有关产权保护的案件，完善各类市场主体信用档案，开展企业信用评价。

三、打造现代化、国际化的市场规则体系

优化资源配置，激发市场活力。深化国有企业改革，鼓励、支持、引导非公有制经济发展，推动企业兼并重组，积极引进能够促进我国经济社会发展转型升级、提质增效的海外资本，大力全面优化社会营商环境、完善市场制度安排。进一步加快现代产权制度建立，建立健全现代财政制度，维护市场公平有序竞争。

此外，要大力吸引海外人才回归故土兴业、创业，大力吸引全球高层次人才来我国发展，除了要为人才的回归与引进提供优越的软、硬发展环境外，更要考虑高层次人才对于更高层次美好生活的向往。这就要求我国必须扎实提升公共防治的环境治理体系建设。实施蓝天工程，控制生产型污染，综合整治市场扬尘和生活性污染。推进大气污染联防联控。实施碧水工程，加强工业污水治理，深化重点流域治理。总之，既要将环境保护视为满足人民群众对美好生活的必要条件，更要将优美的生态环境建设视为我国在新时期、新时代进行高质量招商引资、吸引人才、留住人才、打造人力资源强国过程中的充分条件。

四、加快"一带一路"等国家重大战略协调发展

坚持发挥节点城市的核心带动作用，推动节点城市与其他地区形成协同发展体系。将"一带一路"倡议作为打造新时期我国利用外资优势的战略重点方向，

抓住推进"一带一路"建设的重大历史机遇,力争尽早将我国建设成为开放新高地。把握"一带一路"建设发展契机,在国内经济发展模式和国际环境均发生重大变化的新形势下,加大深化改革的力度、加快全面开放的步伐。

此外,我国要在新时期、新时代有所作为,实现更高水平的跨越式发展。

首先,需要以基础建设为优先领域,同时逐步推进物流网络、交通运输的完善,并建立优良的服务产业配套体系,跟进高效、便捷的信息通信系统支持,加大"一带一路"通道互联互通水平的提升以及交通物流运行效率和运载能力的提升,强化生产要素和内外产业的区域高效流动与合理配置,提升承接产业转移的水平和外资吸引能力。这将是促进我国开放经济体制建设,打造吸引外资并创造良好的软环境的硬基础。

其次,服务"一带一路"建设应该成为我国打造利用外资新优势的战略重点,并通过促进城市群一体化发展,扩大经济腹地建设的规模与水平,不断强化便利化的投资和贸易制度安排,促进利用吸引外资水平的提速增效。具体来讲,需要突出服务"一带一路"建设的资源集聚功能、交通物流枢纽功能等战略定位,发挥交通优势和物流优势,打造互联互通的"信息丝绸之路",推动国际交通物流通道建设,进一步增强吸引外资的能力和影响力。加强与"一带一路"经济体的交流与合作,带动和吸引外资进入文化、食品、物流等行业,进而借助外资推动"一带一路"沿线跨越式发展,并形成辐射效应,带动区域全面招商引资,对外开放。

再次,自贸试验区既是改革机制的试验田,也是对外开放的窗口和门户,这就要求我们必须借助自贸区试验区的发展特性和潜在优势,以自贸试验区发展为突破口,进一步推广可复制的经验和机制,深化对外开放的程度。依托自贸试验区推动建设快递中转集散中心,打造快件集疏网络。在自贸试验区建设专属物流园区,开展现代物流业务。推动自贸试验区带动国际枢纽口岸建设,发挥完备的国际航空网络、公路网络、铁路网络和文化旅游等优势。进而,通过自贸试验区的优良政策和制度拓展吸引外资的深度和广度,形成由点及面、全面发展的格局。

最后,海外直接投资产生的"投资转移"和"投资创造",显著推动了海外直接投资的流入。这就要求我国必须通过深化改革,完善社会管理与营商环境建设的一体化水平、提高服务效率，最终建立与国际高标准投资和贸易规则体系相适应的行政管理体系。促进我国投资与营商环境的改善，给我国海外直接投资带来新的、更多的市场机会，打造形成新时期我国吸引外商直接投资新优势，推动外商直接投资在国内的不断扩张和发展。

第四节　新时期打造利用外资新优势的实施路径

在逆全球化的大背景下，需要我国在多个关键领域持续推动改革创新，为进一步吸引外资流入扫除障碍。在国际经济合作上：积极参与数字经济国际规则制定，大力推动"数字丝绸之路"建设，深化数字基础设施合作；破解关键核心技术难题，建立数字核心技术攻关动态推进机制，健全对关键科研领域的长效支持机制，推动形成以国企为引领的协同攻关机制；提升国家安全治理能力，打造协同高效的数字治理体系，健全数字安全分类监管制度，创新数据安全管理手段；为经济合作夯实人才基础，建立复合型数字贸易人才激励机制，探索新型人才流动培育机制。

在政策创新方面：需要出台相应的支持文件，在重点领域先行先试，寻求突破，找到政策发力点，提高投资便利化程度，进一步优化外资利用政策环境，吸引外资流入；建立权责明晰的权责清单动态管理机制，增强社会监督力度，根据法律法规立、改、废、释、机构和职能调整情况等，及时调整清单；推动跨境投融资创新，在跨境人民币融资、双向投资、跨国公司本外币资金管理改革等方面积极争取中央政策支持。

在营商环境方面：打造有序竞争的市场环境，尊重市场本身的内在规律，放宽企业市场准入条件；构建透明高效的政策环境，增强政策执行的一致性，推进简政放权，打造"阳光"政府、服务型政府；建设公平正义的法治环境，探索知识产权司法保护大联盟，建立商事纠纷多元化解决机制。

在载体平台方面：充分发挥自贸试验区的引领作用，持续推动外贸转型升级，扩大服务贸易，完善外贸信用管理体系，搞活信用服务市场；加快载体平台建设，推动大宗商品国际贸易平台建设，带动以其为核心的全产业链发展，推进期货保税交割试点，支持期货公司在开展跨境业务时使用人民币计价结算，打造综合管理服务平台，提高通关效率；推动载体平台联动发展，加快建立网上信息共享平台，实现信息共享，大力打造产业联动平台，构建高端产业与服务贸易的对接平台，建立投融资共享平台，解决企业融资难、融资贵的问题。

在外资管理体制方面：优化负面清单管理模式，向上级主管部门争取开放试点，积极拓宽开放空间，对各类市场主体实行一致管理，促进公平竞争；加强事中事后监管，结合我国实际，建立健全事中事后监管法律法规，构建多元主体参与的事中事后监管体系，采用"双随机"措施，完善信用监管体系；积极推进"互联网+公共服务"，打造政务服务"一张网"，实行"互联网+商事登记服务"，逐步实现行政权力事项全流程网上运行。

一、国际经济合作的中国方案

我国数字经济发展基础良好，具备与美欧等发达国家同台竞争的实力，抢抓信息化、智能化、数字化带来的历史机遇，实现我国数字经济高质量发展是各界关注的焦点。本书在借鉴发达国家数字经济先进经验后，提出以下建议：

（一）积极推进国际经济合作

面对新一代信息技术带来的新发展趋势，世界各主要经济体普遍将关注重点转向数字经济，在对外经贸合作上加大了对数字经济的重视程度。我国应坚持开放合作、互利共赢，在国际规则、"数字丝绸之路"、数字基础设施、智库交流等方面与世界各国展开交流合作。

1. 积极参与数字经济国际规则制定

随着数字经济在全球主要经济体中的爆发式增长，数字经济治理规则构建正在成为大国博弈的舞台之一。我国应积极参与数字经济国际规则制定，广泛寻求合作，努力成为数字经济规则制定的引领者，推动我国数字经济进一步发展。一是加强数字经济规则话语权，目前，数字经济在全球经济中所占的比重逐渐增加，但碎片化的数字经济规则一定程度上制约了数字经济发展，我国应紧紧抓住大有可为的历史机遇期，选择投资自由化、贸易便利化等各参与方共同关注或热度较高的领域，就选定的议题在 WTO、双边或区域层面谈判中争取更多的盟友支持，推动所选议题进入谈判流程，提升在数字经济规则构建中的话语权。二是务实提升谈判效率。在市场准入、数字服务税等重点议题谈判上以灵活的机制安排为主，力争打破数字贸易壁垒，进一步降低跨境贸易成本，强化数字监管能力，为数字经济发展创造良好的制度环境。三是积极筹备加入数字经济伙伴关系协定（DEPA），DEPA 是世界上首个专门针对数字经济贸易措施的独立协定，模块化的体制机制允许缔约国只参与部分内容，在贸易便利化、跨境数据流动和构建数字系统的信任体系方面均制定了前瞻性标准，代表了未来全球数字治理的发展方向。四是着力打造数字经济示范区，开展数字经济规则先行先试，在自由贸易区（港）试点跨境数据的有序开放和安全流动，在尊重国家主权以及符合国家利益的基础上，尝试建立数字经济中国规则。

2. 大力推动"数字丝绸之路"建设

"数字丝绸之路"是推动数字经济发展的重要载体。2015 年，发改委、商务部和外交部联合出版的"数字丝绸之路"白皮书中指出各缔约国之间的数字连接是重中之重，应充分发挥其开放包容的特点，推动其成为我国打造数字经济新优势的主要抓手。一是持续推动各国数字经济相关规划对接，在充分协商的基础上共同制定互惠共利的数字经济规划，在跨境电子商务、互联网技术标准、互操作性、信息交换共享平台以及数字基础设施的互联互通方面达成充分共识，共同维护良好数字经济环境，促使丝路沿线国家能够便捷地接入国际互联网，为数字经济的发展提供良好的硬件支撑。二是构建广泛的常态化合作机制，定期举办由"一带一路"沿线国家外交、贸易和信息等政府部门共同参与的高端论坛，致力于营造良好的数字经济合作伙伴关系，打通数字经济产业链。三是逐步增加缔约国之间的合作项目，在原有跨境经济合作区的基础上筹建跨境数字贸易合作区，增加数字经济企业为主的双边、多边以及区域层面的合作项目，加强"一带一路"沿线国家数字经济企业层面的沟通合作。

3. 深化数字基础设施合作

数字基础设施是以数据算力为核心、通信网络为基础、数据创新为驱动的基础设施体系，完备的数字基础设施是数字经济开展的前提条件，亦是制约数字经济发展的主要因素，我国应集中资源拉动相关国家的要素投入，实现数据资源优化配置，扫除制约数字经济发展的关键障碍。一是着力加强基础设施互联互通，引导各国金融机构与亚洲基础设施投资银行、世界银行等国际机构共同发起数字基础设施建设基金，合作建设跨境海底电缆、数据中心和数字经济公共服务平台，夯实推动数字经济发展的硬件基础。二是推动数字标准互认，以 WTO 电子商务相关规则和其他主流国际机构制定的相关准则为基础，围绕打通数字经济链条，推动各参与国就标准问题开展谈判，提高在贸易便利化、电子发票、电子支付和个人隐私保护等数字贸易领域的标准互认。三是力争实现数字基础设施均等化，针对依靠自身力量无法完成数字设施建设的最不发达国家，依托 WTO、G20、亚太经合组织等多边平台机制，通过技术转让、培训等多种方式为其提供大数据、云计算、5G 等新一代信息技术，协助铺设完备的国内互联网络，推动其国内外贸易、流通方式迅速实现电子化，培育相应的数字经济企业，为数字经济发展增添新动能。

4. 加快我国智库国际化建设

进入 21 世纪以来，随着各国智库机构的快速发展，智库已经成为国家软实力的重要组成部分，甚至被誉为继立法、司法、政府和新闻之后的"第五种权力"，数字经济合作同样离不开各国智库的智力支撑。一是推动各国智库之间的研究合作，常态化举办智库交流高端论坛，以此为契机发布一些针对数字经济概念、规则、统计方式等方面的联合研究课题，就数字包容、新兴趋势与技术、数据本地化、隐私保护等前沿或争议较大的议题展开研讨，最大限度消除各国数字经济政策之间的分歧。二是建立各国智库之间的信息共享平台，围绕无纸化贸易、数字关税、数字产品待遇等各国关注的焦点问题，定期发布相关研究信息，分享各国数字经济政策变动的前沿信息，为相关数字经济政策的制定提供参考。三是积极分享发展经验，鼓励各国智库梳理本国在数字经济政策制定、软硬件建设、企业发展等方面的典型案例，为各国推动数字经济发展提供政策依据。

（二）破解关键核心技术难题

1. 建立数字经济核心技术攻关动态推进机制

如何动态跟踪数字经济核心技术，技术攻关的成效如何评定，如何根据实施结果建立优化机制等问题是决定数字经济核心技术攻关成功与否的重要因素。一是全面梳理与数字经济有关的核心技术，甄别出研发难度、断供风险、技术短板等多项指标，系统构建数字经济核心技术指标体系。在结合我国现实情况的基础上，厘清哪些核心技术是我国急需的，建立核心技术攻关目录。二是建立数字经济核心技术分类攻关机制，依托核心技术攻关目录，将对我国整体影响较大的，但又无法通过外购解决的核心技术设为重大攻关对象，集中科研院所联合成立重大项目攻坚小组。对那些门槛相对较低，市场应用尚不明晰的技术领域，采取企业为主、政府为辅的方式积极引导社会力量投入研发，适当将政府设施和资源向社会开放，对于在政府引导下研发突破成功的，应允许其申请专利。三是建立切实可行的评估推进机制，引入社会力量参与监督，积极开展有关实施效果的第三方评估。依托评估结果健全核心技术研发的奖励和惩罚机制，及时调整技术攻关的支持政策，确立切实可行的数字经济核心技术攻关动态推进机制①。

2. 健全对关键科研领域的长效支持机制

关键核心产业需要长周期、大资本的投入，且市场竞争激烈，推广应用风险较高，社会力量往往不愿意涉足，我国应充分发挥体制优势，在重点科研领域持续进行高强度的投入，以政府力量为引领拉动社会资本进入，攻克具有自主知识产权的关键技术。一是积极培育具有新技术、新模式、新产业的"独角兽"企业，适当削减政府在大型企业产业扩张环节的补贴投入，设立专项产业扶持基金，对在基础研究领域具有较强研发实力的中小企业直接予以补贴，具有突出研究成果的给予上市绿色通道和低息贷款，多方面提升产业政策对科研主体的支持力度。二是完善对重点攻坚领域产品的需求侧支持政策，鼓励企事业单位大批量采购在关键领域采用国产技术的硬件和软件，根据其采购规模给予一定的税收减免或直接奖励，对因国产硬件或软件故障而造成损失或负面影响的，政府应根据现实情况设立相应的补偿标准，提高企事业单位采购国产软硬件的积极性②。三是关注底层技术创新，组建相关基础领域的科研平台，提高从事基础科研领域人员的待遇，引导科研力量向基础软件、工业母机、基础材料、生物技术等基础科技领域倾斜，推动更多青年科研人员进行基础领域研究，适当放松对科研人员的资金使用限制，以正面清单和负面清单等事中事后监管代替事前审核，进一步提高科研经费使用效率。

---

① 黄汉权．新时期中国产业政策转型：理论与实践［M］．北京：中国社会科学出版社，2017.

② 任继球．推动装备制造业高质量发展［J］．宏观经济管理，2019（5）：24-29.

3. 推动形成以国企为引领的协同攻关机制

面对部分研发难度大的关键"共性技术"，单个科研院所甚至某个行业可能都难以独立攻克，亟须展开大规模协同攻关。一是充分发挥制度优势，以央企、国企为引领，联合科研院所等重点研究机构，推动各类社会资源共同开展跨行业、跨部门、跨学科的联合攻关，实现全链条资源有效整合。二是着力创新政企协同模式，一线企业对技术攻关中的痛点和堵点最有发言权，应瞄准企业需求，试行引入在工程建设领域已经成熟运用的 PPP 模式，即由政府和重点企业联合出资进行技术攻关，研发成果企业具有优先使用权，充分调动企业参与技术攻关的积极性。三是构建新型产学研协同体系，建立企业专家参与的常态化联席会议制度，积极邀请重点企业技术人员和科研院所专家共同谋划科研攻关，参与科研平台设计和项目评审，重大科研项目立项要充分参考重点企业的建议，将社会化应用作为科研成果的重要评价因素，多方面促进企业和科研院所的协同合作，充分发挥企业力量在科研攻关中的导向作用。四是建立行业企业协同攻关机制，鼓励重点企业组建相关行业协会、产业联盟，加强与上下游企业特别是中小企业的沟通合作，厘清产业上下游对重点领域产品零部件和软件的实际需求，打造重大技术联合攻关命运共同体①。

（三）提升国家安全治理能力

《中华人民共和国数据安全法》第三条指出，数据安全是指通过采取必要措施，确保数据处于有效保护和合法利用的状态，以及具备保障持续安全状态的能力。当前，数据安全已经成为世界各国共同关注的焦点之一，加强数据安全治理是推动数字经济发展的前提条件。构建国内国际通用、数据联通、系统联动的数据治理体系是数字经济时代的大势所趋，我国各级政府部门应围绕个人隐私、知识产权、数据安全等重点领域完善体制机制，为数字经济治理营造良好环境。

1. 打造协同高效的数字治理体系

要想打造协同高效的数字治理体系，应在充分梳理我国数字安全现状的基础上，完善各级政府协同体系，加强各部门之间、中央和地方之间的协同联动，形

---

① 黄阳华，吕铁．深化体制改革中的产业创新体系演进——以中国高铁技术赶超为例［J］．中国社会科学，2020（5）：65-85.

成标准化、制度化的数据保护模式，为数字经济发展提供保障。一是建立国家层面的数据流动管理部门，充分发挥社会组织、行业协会等第三方力量，在统一的数据管理框架下建立"个人信息保护委员会"等独立的统筹协调机构，统筹数据流动标准、管理体制机制等诸多问题。二是大力完善多元共治的数字监管体系，积极打造数字治理协同管理平台，建立各类治理主体的常态化沟通机制，在政府的主导下，引导企业、行业协会以及社会团体等第三方主体共同参与，实现企业自治、行业自律、社会监督的综合性监管目标。三是强化第三方监督力量，逐步普及数字安全的相关知识，引导公众和新闻媒体加大对数字安全的关注度，强化社会舆论对各类市场主体使用数字资源的监督作用，多方面维护数字消费者的合法权益。

2. 健全数字安全分类监管制度

我国应充分借鉴发达国家经验，加快《中华人民共和国网络安全法》《中华人民共和国数据安全法》和《中华人民共和国个人信息保护法》等法律法规的修订和完善，找准数据监管和数据跨境流动的平衡点，促进国内政策与国际数字贸易规则对接。一是制定中央层面的数据安全实施细则，明确提出国家层面的数据分级分类监管体系，根据数据的重要程度和不同来源，确定重点领域数据，依次设置监管标准以及是否允许出境，厘清监管部门和数据主体的权利和义务，鼓励合法使用低风险级别的非敏感数据。二是鼓励各个地方政府和行业领域根据自身情况分类管理跨境数据，制定本地、本行业的数据分类管理细则，根据地方政府和企业实际的数据管理能力，可采用备案、抽查、第三方监督、行业监管等多种方式综合监管跨境数据。三是建议使用黑白名单制度，针对部分信誉较好的平台型企业，在数据审查标准上适当放开，针对数据信用记录较差的企业则设置黑名单，从严督查其跨境数据相关业务，提高数据跨境流动效率。

3. 创新数据安全管理手段

数据安全是社会、经济进入数字时代之后带来的衍生问题，传统的政府管理手段在监管效率、管理方式上存在诸多问题，亟须引入符合信息化时代特征的管理手段。一是完善数据安全告知制度，制定相应的实施细则，明确市场主体在发生数据安全问题时应以何种方式告知哪个政府部门，在可能发生数据泄露、损毁风险时及时向消费者通报，使政府和消费者能够在第一时间采取减少损失的措施。二是积极研发数据安全评估、审查相关技术，全面提升监管部门的数字监管能力和技术素养，积极运用人工智能、区块链、大数据、增强现实等新一代信息技术研发数据化、智能化管理系统，形成以数治数、以技治数、以信用治数的数据要素市场监管方法，全面审视数据跨境流动中的安全风险，最大程度提高监管效率。三是积极发展数据安全保险等市场化手段，推动保险公司开发基于数字安全、个人隐私保护的新型保险产品，鼓励平台公司等市场主体积极投保，降低数据泄露带来的负面影响。

（四）为经济合作夯实人才基础

复合型数字人才指对本专业有深入理解，能够熟练使用各种数字化、信息化工具，并且拥有一定的管理经验的人才。数字化时代下，素质高、结构优的复合型数字人才队伍是推动数字经济发展的前提条件。

1. 建立复合型数字经济人才激励机制

有效的激励机制是企业吸引复合型数字经济人才的主要抓手。一是畅通复合型数字经济人才的晋升通道，充分发挥国有企业的引领作用，在国有数字经济企业中单独设置相关人才岗位，对符合条件的人才可适当跳过部分基层岗位，条件特别优秀的可直接进入管理层。二是设立人才补助基金，为愿意进入目标企业且符合条件的复合型人才发放补贴，鼓励企业加大薪酬激励，引导行业收入分配机制向有利于复合型人才的方向调整，以多样化的分配方式吸纳综合能力过硬的人才。三是拓宽数字经济企业的融资渠道，便利各类风险资本通过股权交易、风险投资、债券交易等方式投资数字经济企业，多方面做大企业资本，使其能够以较高的薪酬激励吸引企业急需的高水平人才。

2. 探索新型人才流动培育机制

在数字经济企业急需大量复合型数字人才的同时，对我国数字化人才的培养质量也提出了新的要求。一是重视复合型数字化人才的培养，加强国内外先进数字经济企业与我国大中专院校的沟通合作，关注最前沿的数字经济相关信息，开设数字经济相关的复合型专业，增加数字平台运营、跨境电商营销等数字经济实践类课程，确保教学方案契合企业需求，持续扩大相关人才的培养基数。二是加强数字经济企业的员工培训，依托各个专业培训机构，开展内容运营、新媒体、信息技术、外语、法律等专业的常态化培训，提升数字经济企业员工的专业化水平。三是构建产学研人才双向流动机制，进行人事制度改革，提高体制内外人才流动效率，鼓励大专院校、科研院所等体制内外数字化人才自由流动，允许体制内人员停薪留职加入数字经济企业。四是建立发达地区对落后地区的常态化帮扶机制，充分发挥我国的体制优势，组织高能级城市利用自身的人才资源优势，对口支援欠发达地区，缓解落后地区数字经济人才短缺的现状。

二、大力推进政策创新

结合我国经济社会发展实际，从人才、税收、金融、土地、效率等方面加大政策创新，对政府权责清单进行动态管理，逐步扩大金融领域开放，推动跨境投融资创新。

（一）优化外资政策环境

我国应从人才、税收、金融、土地、效率等方面加大政策创新，进一步优化外资利用政策环境。一是出台相应的支持文件。贯彻落实《国务院关于扩大对外开放积极利用外资若干措施的通知》《国务院关于积极有效利用外资推动经济高质量发展若干措施的通知》及《国务院关于进一步做好利用外资工作的意见》，在此基础上出台相关配套文件。二是在重点环节和领域先行先试，寻求突破。在外资普遍关注的人才方面，继续创新手段和方式为外国人来我国工作提供便利，在工作许可办理上，可以采用告知承诺制、容缺受理制，在签证办理上，可以适当延长工作签证的有效期限。三是在税收、土地等方面加大对重点外资项目的扶持力度。对我国经济有重大带动作用的外商投资项目、跨国公司新设总部或机构、较新的招商引资模式等，要予以特别奖励。对投资于科技研发领域的跨国公司，要免征进口关税，部分或全额返还采购国内设备增值税。适当给予外商投资企业一定的优惠土地，降低企业所得税的征收税率以持续吸引外资流入。

提高投资便利化程度，进一步吸引外资流入。一是推动后台各行政主管部门的职能整合，从企业投资便利化出发，加速后台行政程序的流程再造，梳理企业投资的各个流程，最大限度地精简投资手续，规范有关行政流程，减少企业所需面对的部门，切实降低企业负担，依托电子化与信息化，建立投资一体化平台，梳理现行有效与已废止的各项法律法规与规定，提高投资信息透明度，减少企业获取信息的成本。二是大力推进政府部门职能整合，以简政放权、探索相对集中的行政许可权模式及建立综合统一的行政审批机构为突破点，科学配置行政审批权，持续对涉企审批事项进行清理和调整，逐步缩小政府行政审批的投资领域、范围及其项目，持续精简优化关系营商环境的行政审批事项，最大限度地压缩审批、核准、备案范围。三是围绕"办成一件事"做文章，统筹推进组织重构、权限重设和流程重塑，以需求和问题为导向，厘清行政审批事项的基本要素，科学优化行政审批流程。通过对审批要素的梳理和优化组合，按照对企、对私事项的业务关联度和服务对象性质，分类形成办事清单，推出满足不同市场主体个性化需求的多证联办。四是强化负面清单管理，加快建立规划标准管理与敏感领域审批相结合的约束机制，不断促进治理体系与治理能力现代化。五是聚焦推动业务处理程序化、审核计量智能化、政务公开标准化等方面改革，规范行政审批权力运行，提高行政审批的透明度和稳定性，尽量减少办事过程中的自由裁量权。例如，办事指南中不再出现类似"其他""等等"这样的不确定性条款；将业务处理环节的具体操作固化为规范、可追溯的工作程序，制定相应的工作标准和进度等。

积极开展先行先试，为优化外资政策环境提供实践经验。一是以自贸试验区先行先试为引领，全面贯彻落实准入前国民待遇加负面清单的外商管理制度，进一步提高相关制度、规则的国际化水平，推进物流、文创等领域创新要素和价值链高端环节的对外开放。二是持续推进投资体制改革，破除各种隐性障碍和歧视性限制，放宽外商经营限制，将不涉及国家规定实施准入特别管理措施的外商投资企业设立及变更备案事项全部下放，提高投资准入环节的便利程度。采取强化基础、提前介入、告知承诺、同步审批、会议协调、限时办结等举措，进一步优化外商投资产业项目审批流程，加快产业项目落地速度。三是建立符合高标准投资便利化规则的相关制度，加强对数字贸易以及技术类产品等高端知识型服务贸易跨境流动方面的制度创新，简化管理流程，提升贸易效率。四是大力推进跨境电子商务公共服务平台系统建设，鼓励开展国际市场在线销售和采购业务，打造实体保税展示交易与电子商务相结合的全渠道国际商品交易平台。

（二）建立健全政府权责清单动态管理机制

权责清单可以明晰各级政府的权力和责任，划清监管边界。权力清单需要覆盖权力运行全过程，包括行政执行权、行政决策权和行政监督权三大方面，要确保三大权力的分立与制衡，确保权力被政府部门依法履行。在权力清单梳理阶段，通过构建统一的信息平台，联合各个管理部门，梳理是否存在权力"越位""缺位"的情况，权力是否被正确、高效地履行，权责是否对等。上报结果并由上级政府进行确认审核，并最终公布。探索形成清权、确权、晒权的权力清单梳理、确认和公布机制。同时，探索通过相应的法律法规将现有的成果进行固化，通过制定法律法规为进一步推进权力清单提供保障和支持，提高权力清单的法治化水平。责任清单需要明晰责任模块，建立追责机制。按照权力清单的梳理机制，在明晰各个部门工作职责的基础上，梳理各个部门相应的行政责任。根据可执行、可考核、可问责的标准，每项责任清单需要附上法律法规依据、责任事项、问责依据、追责程序及监督方式（监督电话、邮箱等）。连接权责清单系统与网上办事大厅，做到具体权责随事走，方便群众和企业按流程办事，按法规追责。同时建立反馈机制，增强社会监督力度，通过网上公布等方式，便于群众或企业能够及时了解追责和整改情况，增强政府公信力。

（三）推动跨境投融资创新

我国应逐步扩大金融领域开放，对设立外商独资银行或中外合资银行加大支持力度，促进金融服务业对符合条件的民营资本有序开放，推动跨境投融资创新。一是推动跨境人民币融资。支持企业积极利用境外放款、跨境借款等方式开展双向人民币融资。允许企业的境外母公司按照有关规定在境内发行人民币债券，支持开展人民币跨境再保险业务。二是拓展双向投资。探索建设境内境外互动、本币外币互动、内企外企互动的人民币离岸业务在岸结算区域交易中心。允许符合条件的境外投资者自由转移其合法投资收益。三是深化跨国公司本外币资金管理改革。在现行跨境人民币资金集中运营政策的基础上，降低跨国公司外汇资金集中运营准入条件，开通本外币资金池业务备案"绿色"通道。四是推进"政银互动"，鼓励"银担合作"，进一步增强融资渠道多样性。五是创新开展中小微企业贷款风险补偿、贷款贴息、不动产融资等融资服务支持，借鉴广东经验，探索"贷款+保证保险/担保+财政风险补偿"专利权质押融资模式，推广知识产权融资。

三、优化外资营商环境

营商环境指的是制约投资行为的客观条件，是投资者在进行投资行为过程中所面临的外部环境。我国营商环境在经济中高速发展的背景下得到了全面地建设与维护，但尽管如此，及时合理解决我国营商环境存在的问题，是保障投资者投资权益、营造良好经济发展环境的关键。

（一）打造有序竞争的市场环境

营商环境的改善必须以有序竞争的市场环境为前提。要处理好政府与市场的关系，既要发挥市场在资源配置中的决定性作用，又要实现政府提供完备制度环境的优势。一是尊重市场本身的内在规律。不滥用政府权力，避免在国际或国内贸易中保护特定群体利益。要求各行业、各部门对所在行业的社会责任充分践行，对内外资企业进入行业的差别待遇全面梳理，为外资进入清除障碍。在此基础上深化"证照分离"改革，以告知承诺替代准入许可，减少政府审批事项，进一步简化准入程序。二是放宽企业市场准入条件。逐步对金融领域、保险领域、建筑领域、娱乐领域、资信领域、医疗领域等放宽准入门槛，放开外资准入的限制，降低出资规模、设立主体以及相关标准的限制，争取除法律、行政法规、国务院对特定行业注册资本最低限额另有规定的外，取消最低注册资本规定，并且不再限制首次出资额及比例、货币出资比例、出资期限。三是进一步加强有效制度供给。以企业需求为导向，建立政企之间长效沟通机制，实现权力清单和权力运行可视化，确保用权有效监督，构建新型政商关系，重点解决针对民营企业的公平市场环境建设问题，重视民营企业的发展，充分发挥民营企业在我国经济结构调整和产业结构调整中的积极作用，支持和鼓励民营企业进入政府投资行业、基础产业、公益服务业等。

（二）构建透明高效的政务环境

政府服务是改善营商环境的关键之一。一是推进政府数字化转型。借助技术手段促进行政审批机构与"互联网+"深度融合，持续推进"一网通办"、全流程网上审批、"云证照"应用、24小时自助终端、"审管信息互动平台"等信息化建设，有效推行集成服务、并联审批、部门协同，实现线下线上功能互补、窗口服务与自助服务相结合。二是提高政务服务水平，打造"阳光"政府、服务型政府。将行政过程向社会公开，让行政权力由人民监督，提高政府的透明度和开放度。高度重视网上政务服务大厅建设，强调"用户视角"，改善服务质量，提高群众办事的满意度。三是增强政策执行的一致性，厘清各部门权责，出台政策执行细则，提高政策法规的严肃性，保证各行业、各地区都能够按照政策执行文件或相关指南发展，强化行政综合执法，通过信息互联互通，推进各行业、各领域的综合执法。四是建立政府部门审批事项清单，推进简政放权。以分工合理的行政职权体系为原则，加强顶层谋划，精简事项，充分放权，以实现"一个窗口"受理和限时办结。

创新政务服务方式，丰富政务服务手段。一是以市场主体满意度为目标，充分利用大数据等现代信息技术手段，主动研判企业和市民潜在服务需求，积极推动政务服务精准化，提供差异化、个性化、定制化的政务服务供给。提高企业参与度，精准识别改革过程中的"痛点""难点"和"隐蔽点"，深入做好从市场主体角度出发的，涉及多部门、多环节的"一件事情"的梳理归集工作，将"最多跑一次"改革向纵深推进。二是创新网上告知、公示、咨询、查询、反馈等网上服务方式，加快移动端网上受理接入服务建设，按照企业使用习惯优化政务系统设计，完善门户网站、应用程序等系统的栏目与功能布局，提升网络办事的便利性。三是打通信息共享渠道，打造政务网大数据信息平台，推动政府部门公共数据的 100%归集和按需 100%共享，切实提高"一网通办"的能力。拓展现有政务服务平台功能，建立集办公、审批、对外服务、监察、信息公开等于一体的全省统一智慧政务平台；整合现有社保、公积金、所得税等各类政务平台，满足企业单点登录需求。四是加强"一窗受理"监管，提升窗口服务能力。综合运用电子评价、电话回访、日常巡查等多种方式，建立以第三方评议、特邀监督员和内部巡查为一体的窗口服务监督机制；定期开展现场办结率、按时办结率、群众满意度等监督指标的考核评比活动，不断提升窗口服务水平。

做好普惠性降费工作。一是积极推进现有减税降费政策落地见效。切实落实支持科技型企业、创新企业和中小微企业的税收优惠和财政担保政策。二是按照成本补偿和非盈利原则，降低一批收支结余过大、明显超过服务成本收费标准的项目，最大限度减少涉企收费。三是结合产业转型升级，建立促进产业发展的税收优惠政策，优先对高新技术产业、战略性新兴产业和现代服务业等重点产业的企业给予额外的税收减免或优惠；定期筛选成长性好、技术含量高的企业，通过现金赠款、基金激励、非财务援助等手段，加大对企业发展的支持力度。四是坚持清理规范和深化改革两手抓，推进用电用气等能源价格的合理下降，进一步降低企业的能源成本。

（三）建设公平正义的法治环境

公平正义的法治环境是吸纳外资，提升我国营商环境质量的主要抓手。一是加快完善已有法律制度，短期可制定针对实际情况的相关规范和政策性文件，以推进营商环境改革措施的突破和制度化。二是结合机构职能调整改革，清理合并相应的法律法规。三是及时探索制定新的法规制度，加强营商环境改革立法。例如，总结自贸试验区成熟经验予以立法规划；出台与营商环境建设密切相关的有关风险防范、创新升级、品牌创造、制止恶性竞争等方面的政策法规，依法加强对企业生产经营活动的管理，引导企业沿着健康、有序的方向发展。四是完善产权保护制度，建立完善的财产保护机制，依法保护企业和企业家的财产权、创新权益和自主经营权，激发和保护企业家精神。五是妥善应对法院审判工作面临的新情况和新问题，尽可能降低商业纠纷案件的耗时和成本，提高法院的办事效率。

完善商事纠纷解决制度是维护营商环境的重要手段。一是通过分区域设置商事法院、专门通道进行处理等方式，提高解决商事纠纷的诉讼效率。建立包括协商、仲裁等在内的商事纠纷非诉讼解决机制，降低解决纠纷的成本。培育多元包容的社会文化，减少纠纷发生的概率。二是持续完善调解、仲裁、公证、行政裁决等方式与诉讼的有机衔接、相互协调。三是健全商事纠纷争议的仲裁和快速调解制度。整合民调组织、行业协会、仲裁机构等调解资源，实现调解主体、调解手段、调解程序多元化，形成纠纷化解整体合力。四是加大对企业的宣传力度，提高企业对各类纠纷解决渠道的认知度。五是多途径探索降低解决商业纠纷成本的方式。例如，建立商业纠纷法律咨询窗口，为中小企业提供初步的法律咨询服务。

知识产权保护制度致力于保护权利人在科技和文化领域的智力成果。一是建立知识产权法律保护体系，我国应开展知识产权综合管理改革试点，建立实用高效、便民利民、支撑创新的知识产权保护和运行体系。二是积极探索构建知识产权一站式政务服务窗口，促进政府知识产权服务便捷化。三是探索建立知识产权快速维权中心，加强与国内外知识产权纠纷调解、仲裁机构的合作，建立多层次、多领域、多形式的非诉纠纷解决机制。四是持续深入推进知识产权相关的各类行政执法与司法审判改革创新，通过地方立法加大知识产权侵权的惩处力度。

（四）打造简约协同高效的监管环境

完善包容审慎监管体系，着力打造简约协同高效的监管环境。一是继续大力推进事中事后综合监管体系建设，推动事中事后综合监管平台和审批平台对接，明确细化监管责任，提升协同监管效率，减少多头执法、重复检查。二是制定监管清单，明确各行业、领域、市场的监管重点内容，同时对互联网条件下新经济、新事物建立分析预判、监测预警机制，研究制定新业态、新技术、新模式包容审慎监管模式和标准规范，确保市场公平竞争。三是增强政府在推动社会信用体系应用、构建市场主体信用等级标准体系方面的作用，完善信用等级评价办法，加快推进政府和社会信用信息整合共享，大力推动信用信息在市场准入、公共服务、旅游出行、创业求职等领域广泛应用，完善信用联合奖惩机制，构建以信用监管为核心的新型监管制度。四是创新监管方式，结合互联网和大数据分析技术，实现智能监管和违法违规预警。五是探索建立以综合监管为基础、以专业监管为支撑的监管服务体系，构建市场主体自律、业界自治、社会监督、政府监管相互补充的新型监管机制，切实提高事中事后监管的有效性、针对性。

（五）完善自由便利的通关环境

口岸是国家的门户，通关功能的强弱和运行效率的高低对一个国家和地区的经济发展以及社会繁荣至关重要。一是通过取消、合并、退出口岸验核等方式最大可能减少单证，必须保留的要尽快实现全部联网核查。二是深化通关一体化改革，优化通关流程和作业方式，全面落实"两步申报"改革试点，提高进口货物抵达口岸前"提前申报"比例，非查验货物抵达口岸后即可放行提离，全面提升进口通关效率。三是拓展"单一窗口"功能范围，将"单一窗口"建设从口岸通关领域向国际贸易管理全链条延伸，增设国际会展、物流、支付、代理、保险、"一带一路专区"等功能板块并开展与银行、保险、邮政、民航、铁路等相关行业的数据对接，为企业提供更优质的服务。四是全面实行口岸收费目录清单制度，持续清理规范进出口环节收费，增加口岸通关环节收费的透明度，依法查处各类违法违规收费行为，降低进口环节交易成本。五是推进通关无纸化工作，通过智能数据管理系统进一步实现智能通关，在减少贸易申报差错的同时提高通关效率，并提升跨境贸易的安全性。六是探索开展口岸查验机制创新和口岸管理部门综合执法试点，创新检验检疫监管模式，优化通关流程，提高通关效率，降低通关成本。

（六）营造成本适宜的公共服务环境

全面提升公共服务供给能力和质量。一是深化医疗卫生体制改革，进一步提升医疗卫生服务能力。二是加大公共服务投入力度，着力满足对教育、文化、体育等"发展型"公共服务的需求。三是积极促进各类功能性服务平台建设，为经济主体提供全流程的精准服务。推进政府机构向社会组织购买公共服务，促进公共服务供给的多元化。四是完善国际人才医疗保障体系，建设国际化社区，培育更具国际化的人文环境，提升公共服务国际化水平。

加强生态环境保护。一是坚持以"改善生态环境质量，促进绿色转型发展"为主线，进一步强化源头防控和全过程监管，加快形成有利于节约资源和保护环境的空间格局、产业结构、生产生活方式和制度体系，凝聚全社会共抓生态环境保护的强大合力，切实改善生态环境质量。二是引导社会资本投向生活性服务业，提供更多优良的生态环境产品，促进和谐宜居城市建设。

四、发挥载体平台功能优势

（一）发挥自贸试验区的引领作用

充分发挥自贸试验区的示范和带动作用，加强对自贸试验区制度创新经验的总结和系统集成，为全国全面深化改革、加快构建开放型经济新体系提供指导和示范，使全国共享自贸试验区改革红利。积极探索建设自贸试验区联动发展区，建立健全联动发展机制，通过战略联动、发展目标联动、产业发展联动，促进自贸试验区为国家"试制度"和为地方"谋发展"有机结合，实现区域经济联动发展迈上新台阶。一是加快构建协同机制和联动发展平台。加强自贸试验区先行先试改革和各地改革的联动。以自贸试验区高水平改革开放的制度优势，带动全国发展能级，实现政策、信息、资源在全国开放共享。支持自贸试验区内企业通过跨区域兼并重组，推动产业整合，支持毗邻地区有效承接自贸试验区溢出的仓储、加工、配送、商务等服务需求，实现自贸试验区配套产业集聚。二是健全地域战略协同机制。各地战略目标各有侧重，需要以大战略思维克服战略目标的差异，加快对接战略规划的顶层设计，提升管理体制的整体协同水平，合力打造制度创新的大平台。尤其要把自贸试验区作为地域战略协同发展的核心主体和关键支点，推进其他战略需要的制度创新率先在自贸试验区实施，充分发挥战略叠加效应，发挥规则、政策、制度协同效应，促进产业分工和协同发展，强化多维度融合、多要素联动、多主体协同，打造产业转移、要素集疏的战略合作平台。三是促进自贸试验区与各类开发开放载体协同发展。找准自贸试验区与全省其他开发开放载体实现有效对接的切入点，完善联动的体制机制，实现机制互动与功能互补，进一步激发整体协同效应。尤其要统筹自贸试验区与其他重要开放平台的协同发展，形成联动发展优势。

（二）加快载体平台建设

与国际上以单一功能为核心的自由贸易区相比，我国自贸试验区是综合性的改革试验区，有着广阔的制度创新的内涵，各种改革举措彼此关联、相互支撑。因此，需要统筹各环节改革，增强各部门协同，实现制度创新的系统性、整体性、协同性。在推进重大改革举措过程中，尤其要加强顶层设计，全流程梳理改革逻辑、规划改革内容、集成改革举措，形成协同联动改革的措施链、责任链，全面提升改革整体效益。要正确处理中央事权与地方事权的关系，对于涉及中央事权又由地方主推的改革事项，实现上下联动、同频共振、整体推进。要打破部门条块分割，建立系统、有效的跨部门协调机制，促进部门之间、各级政府之间的政策协调与配套。

在技术层面，基于我国自贸试验区建设的进程，当前亟须加大主要领域改革的系统集成，并以局部带动整体，逐步实现改革系统集成的全领域覆盖。一是推进投资自由化、便利化系统集成。进一步完善企业从市场准入到退出全链条改革，尤其要从机构设置、计划安排、职能定位、招商方式、投后服务等环节构建高水平投资促进服务体系。二是推进贸易便利化系统集成。依托国际贸易"单一窗口"，促进商务、海关、检验检疫、外汇、税务等部门协同创新，实现国际贸易业务全流程覆盖，提升贸易便利化水平。三是促进现代交通物流体系系统集成。加快推动交通物流融合发展，协同推进多式联运的标准制定、平台建设、体制机制、监管创新，促进物流链与产业链、供应链的协同发展。四是促进金融服务系统集成。坚持鼓励开放创新与防范风险并重，统筹考虑金融开放创新与风险防控，建立金融风险防控机制，特别是金融风险评估预警机制。五是促进司法服务保障体系系统集成。强化自贸试验区立法建设，做好与相关法律立改废释的衔接，最终形成机制健全、仲调结合、一律平等的法律服务体系。

此外，还需在自由贸易试验区、创新示范区的基础上加快新载体平台的建设。一是推动大宗商品国际贸易平台建设。大宗商品国际贸易平台可以带动我国进出口、储运、加工和交易等环节的改革，推动大宗商品以交易为核心的全产业链发展。争取以各地商品交易所为基础建设以市场需求为导向的产品创新机制，稳步推进新的交易品种上市，提高定价能力和质量，不断增强国际影响力。同时加快设立国际贸易票据单证中心。设立后可以有效加快单证处理速度，并通过相关单证进行票据融资，为外贸企业提供金融服务。推动建设大宗商品交易市场配套政策体系，建立起相适应的海关监管、外汇管理等新模式，有效对接国内外两个市场。二是推进期货保税交割试点。交割是期货交易中的重要环节，对期货市场的功能发挥和运行效率起着至关重要的作用。我国应鼓励自贸试验区期货业的先行先试改革，对于办理期货保税交割业务的企业给予减免仓储费、移库费和第三方质检费用的优惠政策。三是打造综合管理服务平台。单一的载体平台必然有着这样那样的限制，综合性管理服务平台方便了内外资企业，也提高了通关效率。建议继续强化各地的航空、铁路、港口国际枢纽口岸功能，加快海关特殊监管区域优化整合。

（三）推动载体平台联动发展

相关载体平台的"碎片化"及协同性不够等问题在一定程度上影响了外资的流入。一是加快建立网上信息共享平台，实现信息共享。信息是协同的基础，各载体平台应首先实现信息的共享。政府应组织相关机构将各类计划划定的重点、方案等数据进行拼合，构建形成统一的空间计划管理信息平台。推进信息交易市场建设，举办信息交易展览会，建设产权信息交易市场。推进文献、专家库、动植物资源等基础性资源信息共享平台，加强产学研深度融合。二是大力打造产业联动平台，构建高端产业与服务贸易的对接平台。政府应设立新产品交易平台、新产品跨境电子商务服务平台、研发设备保税展示平台以及高端研发产业总部平台等，促进高端制造业和研发服务业对接；建立保税知识产权交易所、保税技术产品展示平台、专利产品出口退税或免税交易平台，促进高端产品展示和产业化平台建设。三是建立投融资共享平台，解决企业融资难、融资贵的问题。政府应整合相应的融资平台，共同设立专项资金或贷款，扶持重点企业的科技创新活动，组织投融资机构及时与相关企业面对面交流，支持风险创业投资协作，鼓励跨地区技术与资本的融合。

建立健全联动发展机制，促进全国要素市场一体化。一是建立健全联动发展机制，通过战略联动、发展目标联动、产业发展联动，实现区域经济联动发展迈上新台阶。二是合作共建全国统一的全要素市场融通体系，推动国内产业价值链条和资源分配模式的优化提升，促进产业结构的协同发展和转型升级。三是以自贸试验区高水平改革开放的制度优势带动全国发展能级，实现政策、信息、资源开放共享。四是大力发展"通道+枢纽+网络"的现代物流体系，推动全国交通基础设施的一体化建设，为全国要素市场的一体化提供基础保障。

建立健全我国营商环境改革措施的复制推广借鉴机制。一是成立负责营商环境的专门机构，及时总结推广优化营商环境的典型经验做法。二是各地市、各部门要高度重视，切实做好组织实施，主动对标国内先进地区，相互学习借鉴，把优化营商环境改革举措复制推广借鉴工作纳入本地区重点工作。三是各有关部门要结合工作职责，积极协调、指导推进复制推广借鉴工作。

建立全国统一的营商环境评价体系及考评反馈机制。一是遵循特色性、全面性、简洁性、可比性、科学性和可操作性的原则，建立全国统一的营商环境评价体系，形成评价制度，持续开展营商环境测评。二是建立营商环境评价的跟踪、考评和反馈机制，明确各级、各部门任务分工和完成时限，制定绩效评估和检查管理办法。三是将细化的营商环境指标作为年度绩效考核的重要指标，纳入工作考核体系和领导干部任用评价体系。四是加强对营商环境的测评评估和监督问责机制，督察检查各部门对营商环境问题的反馈情况，形成常态化的纠风机制。

（四）积极推进自贸港建设

自贸港建设要立足高定位、高目标，以全方位开放、全要素流动的改革理念，依托自贸试验区已形成的体制机制，分步骤、分阶段构建自由贸易港政策和制度体系。目前，可以围绕自贸港建设的核心要素，先行先试一些改革举措，重点以简化规则、放松管制为着力点，逐步推进金融自由、贸易自由、投资自由三大主线建设，积极推进资金、人员、货物进出更加便利的服务监管模式。

深化金融开放与创新。我国在金融开放、人民币国际化、金融服务实体经济及"一带一路"建设等方面存在巨大的制度创新空间。未来，应在坚持包容审慎原则的基础上，不断创新以资本项目可兑换和金融开放为主要内容的金融制度。充分借鉴上海金融创新经验，探索建设符合自身特点的账户体系，逐步加大金融开放的领域，有序推进资本项目开放试点，大幅放宽银行、证券、保险等金融业外资市场准入和经营限制，加快跨境人民币创新业务发展。着力围绕各地战略定位，在跨境电商、航空金融、物流金融、融资租赁、科技金融、互联网金融等方面进行金融创新探索，提升金融服务实体经济的效能。大力推进金融资产交易所、金融集聚核心功能区等区域金融中心建设。建立"一带一路"政策性出口信用保险统保平台，推进包括结算、支付、融资、结售汇功能在内的"丝路金融服务中心"建设，强化金融服务"一带一路"功能。逐步推进金融业由分业监管向混业监管模式过渡，完善跨境资金监管体制机制，确保不发生系统性区域性金融风险。

健全贸易监管服务体系。争取政策支持，进一步取消关税壁垒，减少出口管制，提升贸易自由化水平。健全贸易服务体系，推进以程序简化、政府部门协同及信息化为核心内容的贸易便利化举措。高标准建设国际贸易"单一窗口"，拓展"单一窗口"功能范围，增设国际会展、物流、支付、代理、保险、"一带一路专区"等功能板块并优化数据对接，大力缩减通关环节，提升通关效率。加强对数字贸易以及技术类产品等高端知识型服务贸易跨境流动方面的制度创新，简化管理流程，提升贸易效率。促进跨境贸易结算自由，允许贸易企业自由选择结算货币，开设外币账户。积极开展汽车平行进口试点，试点汽车平行进口保税仓储业务。完善外贸发展载体，促进大宗农产品、工业原材料、能源等功能性国际贸易平台和现货交易市场相关配套制度建设。大力推进跨境电子商务公共服务平台系统建设，鼓励开展国际市场在线销售和采购业务，打造实体保税展示交易与电子商务相结合的全渠道国际商品交易平台。积极推进财税改革，推动税收服务创新，探索实施鼓励离岸金融业务和离岸贸易发展的低税率制度，提升在全球资源配置中的竞争力。探索制定融资租赁、跨境电商、汽车平行进口等新业态配套监管制度，建立和完善货物状态分类监管模式。

进一步促进投资自由化和便利化。持续推进投资管理体制改革，全面贯彻落实准入前国民待遇加负面清单的外商管理制度，破除各种隐性障碍和歧视性限制，放宽外商经营限制。自贸试验区进行差别化探索的一个体现是根据自身发展需要，有针对性地选择部分行业对外资开放，因此，应兼顾开放可行性与安全性，积极向上级主管部门争取投资开放领域，为国家未来进一步缩短负面清单先行先试。现代服务业是目前我国产业转型的重要方向，由此需要重点推进服务业领域开放，争取跨境服务贸易负面清单管理模式试点，放宽信息服务、跨境维修、国际检测、跨国研发外包、离岸服务外包、离岸贸易、技术贸易等新型业态准入限制。鼓励跨国公司研发中心参与各级各类科技创新项目申报，支持跨国公司对本土创新创业项目进行融资，实现科技资源跨国合作、共建共享。着力推进备案管理模式，进一步减少不必要的登记备案事项，提升投资信息与政策的透明度。推行上市许可和生产许可相分离试点，打破注册与生产环节"捆绑"限制。采取国际标准，构建高标准营商环境评价体系，全面开展营商环境评价。积极营造与国际惯例接轨的知识产权保护环境，探索建设知识产权管理和保护的长效机制，打通知识产权创造、运用、保护、管理和服务的全链条。建立健全外资投诉处理机制，切实保障外商投资企业公平待遇。完善境外投资"一站式"服务平台，尽快出台对外投资、对外劳务合作业务办理指南，开展精细化服务。加快完善对外投资风险防范体系，加强事前、事中、事后全过程监管。

五、改革外资管理体制

当前，世界各国不断采用各种政策优惠吸引外资，竞争日趋激烈。美国通过税收政策以提升其对外资的吸引力。各发展中国家更是不遗余力地试图通过税收、移民、就业、教育等各领域的优惠政策，吸引外资至本国。在此环境下，更加要求我国不断优化与改善外商投资管理体制。我们看到，近年来，我国正不断推进体制机制改革，持续优化投资管理体制，取得了很多成就，但日益严峻的国际形势促使我们必须不断深化改革，持续不断地吸引外资流入。

（一）优化负面清单管理体系

市场准入负面清单与外商投资负面清单两者一起构成完整的市场准入管理体

系。全国各个自贸试验区试行了市场准入负面清单制度，逐步形成统一标准和管理机制。但我国在市场准入负面清单体系的打造上与国内的先进示范做法还存在差距，急需以自贸试验区先行先试为引领，全面贯彻落实准入前国民待遇加负面清单的外商管理制度，进一步提高相关制度、规则的国际化水平，推进物流、文创等领域创新要素和价值链高端环节的对外开放。针对重点发展的产业，梳理有关产业中阻碍进一步开放的有关法律法规，进行开放可行性与安全性论证，对于其中无碍于国家安全的产业，向上级主管部门争取开放试点，积极拓宽开放空间。在负面清单之外的行业领域，对各类市场主体的准入申请实行标准化管理，明确业务牌照和资质申请的审核标准和时限，提高市场主体对于准入的可预期性。实施公平竞争审查制度，取消不同市场主体在准入方面的差别化待遇，有效保障市场主体合规、平等地进入清单之外的行业领域。

（二）加强事中事后监管

事中事后监管是外资管理体制的创新，决定着我国吸引外资的成效和社会治理能力的提升。一是建立健全事中事后监管法律法规，明晰法律法规边界，明确责任主体，规范实施过程，做到有法可依、有法必依。在修改现存法律法规不合时宜之处的同时，针对新业态引发的行政审批事项，尽快形成规范性文件，对监管的内容、监管方式、行政处罚的标准等做出明确规定，使其监管有所依据。二是进一步提升协同监管效率。坚持"权责法定、依法行政，谁审批、谁监管，谁主管、谁监管"的原则，明确细化监管责任，形成有约束力的跨部门协调机制。统一各个监管部门数据采集标准、统一数据保存格式，实现数据收集的标准化与程序化，加强"双随机、一公开"监管结果的运用。制定监管清单，明确各行业、领域、市场的监管重点内容，研究制定新业态、新技术、新模式包容审慎监管模式和标准规范。三是构建多元主体参与的事中事后监管体系，发挥政府协调者功能，充当不同政策社群之间对话组织者，解决治理过程中产生的争议，并且担起治理失灵的政治责任。与第三方专业机构合作，将技术审查工作交由专业化服务机构。

进一步完善信用监管体系。一是完善公共信用信息平台建设，深入推进涉企信息归集共享，推动企业信用体系与法人信用体系的对接。在自贸试验区设立征信机构，支持征信机构对企业、个人信用数据的汇集。二是强化信用信息的挖掘应用，完善信用风险分类标准，制定分级分类监管管理办法，推动建立信用信息归集、信用评级、预警分析、信用监管、管理决策"五位一体"的信用监管体系，采用"双随机"措施，针对信用良好的企业采用降低抽查概率或者免检，对于信用不好的企业采取重点监管措施。三是推进联合奖惩系统"全流程"嵌入网上政务服务平台和业务审批系统，针对失信、异常经营等市场主体采取限制性的审批操作或相应的禁止、限制措施，建立健全"守信激励、失信惩戒"的落实机制和成果反馈制度，建立健全信用修复机制和信用主体权益保护机制。

进一步推进知识产权管理、保护和服务改革。一是建立专利、商标、版权"三合一"的行政管理和执法机构，出台知识产权跨部门执法协作办法，建立和完善联席会议、专项联合执法、案件移交协办、行政执法与司法衔接、举报奖励等制度。二是建设知识产权快速维权援助机构，加强与国内外知识产权纠纷调解、仲裁机构的合作，建立多层次、多领域、多形式的非诉纠纷解决机制。三是建立网上知识产权综合服务平台和实体知识产权工作站，着力推动知识产权服务业发展。探索开展知识产权保险、质押融资和资产证券化等知识产权金融创新。四是积极培育和鼓励市场力量参与监管。发挥行业商会协会、社会公益组织、媒体、社会舆论的监督作用。引入第三方专业组织进行企业财务审计等专业监管。鼓励第三方社会机构对相关市场主体定期进行信用状况评估，监测失信行为信息。

（三）积极推进"互联网+公共服务"

综合运用大数据等现代信息技术，加快推进"互联网+公共服务"。一方面，我国需要推进"互联网+政务服务"。利用互联网和大数据技术，高标准建设相关网上办事系统，与现有的政务服务平台实现数据共享，打破地域和部门之间的条块分割，对不同领域公共信息数据资源进行综合利用，实现相关行政审批和便民服务事项"一窗受理、一表申请、一网通办、一次办妥"。继续推动"互联网+"办税服务，加强税务门户网站与客户端、微博、微信等深度融合，为纳税人提供全方位网上涉税服务。另一方面，推进"互联网+商事登记服务"。继续推行电子营业执照，逐步探索营业执照全流程电子化办理，逐步推行项目投资、居民教育医疗、户籍户政、劳动就业等服务事项网上办理，逐步实现特定事项之外的行政权力事项全流程网上运行。

六、积极应对逆全球化造成的挑战

调整利用外资模式，既促外资增量，也稳外资存量。坚定不移地推动开放战略，健全高水平开放型经济新体制，提升外商投资自由化与便利化水平，加快自由贸易试验区等对外开放新高地建设，打造更具吸引力的营商环境，提升国际投资的吸引力，降低外商投资转移风险。调整利用外资发展模式，切实提高利用外资质量，把外资政策的重点转向"引资补链""引资扩链"和"引资强链"上来。改变招商引资方式，从关注效率导向型投资转向区域市场寻求型投资，从关注分散的垂直价值链的投资转向更广泛的工业基础和集群的投资，从基于成本的竞争转向基于供应链灵活性和弹性的竞争，从优先考虑大型投资项目转向为小型分布式制造投资腾出更多空间。大力提升软硬数字基础设施质量，将数字化的软硬件基础设施、配套的生产性服务、良好的工业基础和超大规模市场作为招商引资的推介亮点，吸引基于平台的轻资产型投资以及数字经济领域的投资。

加快推进京津冀城市群、长江经济带、粤港澳大湾区等国家战略实施，着力打造一批上下游高度协同、技术上紧密联系、流程上集约高效的世界级产业集群，提升区域经济创新能力，增强产业国际合作和竞争的新优势。以产业链核心企业为龙头，优化产业配套环境和条件，加快推动产业链上下游、产供销、大中小企业协同发展。健全市场一体化发展、区域合作互助、跨区域产业集群发展协调等机制，推动形成更有效的区际协调战略。进一步加强沿海与东北地区、中西部地区的区际互动和经济循环，鼓励产业向中西部梯度转移，消除区际间生产、流通、分配、消费环节壁垒，畅通物流、人流、信息流、资金流等要素的循环，推动形成国内统一大市场，实现区域统筹发展，使内循环真正成为中国经济增长的内生动力。

中国部分制造行业仍处于全球价值链中低端，亟须转型升级。需要提升产业基础高级化、产业链现代化水平，尽快跨越"低端锁定"，增强产业链、供应链的国际竞争力。鼓励科技创新，形成创新链与产业链深度融合，力争尽快解决一批"卡脖子"的重大技术难题。加大对基础研究、应用研究、共性关键技术等环节的投入，瞄准产业链短板和高端环节开展研发，以创新驱动产业链升级，由中国制造升级为中国创造，不断增强产业链控制与主导能力。大力发展战略性新兴产业，构建一批各具特色、优势互补、结构合理的战略性新兴产业增长引擎。

把握第四次产业革命机遇，培育新技术、新产品、新业态、新模式，大力促进产业数字化和数字产业化发展，加速人工智能、5G 等新一代信息技术的商业化应用，加快推进传统产业与高科技、高端产业融合互动，促进数字化与智能化转型，培育数字经济新产业链，形成产业竞争新优势。

从国家战略角度建立产业链安全体系，强化工业能力，构筑自主可控、安全高效的全产业链，有效提升我国产业链安全。加强产业安全风险预警、防控机制和能力建设，实现重要产业、战略资源、重大科技等关键领域安全可控。致力于降低产业链对外依赖程度，打破西方技术封锁，提升高端制造的供给能力。明确产业链安全战略的重点领域，根据产业链竞争力程度划定重点产业监测范围。构建国家产业链安全重点企业培育、救援机制与产业链安全防控体系，对外企撤资高风险产业进行产业链"体检"，梳理出"短板"基础技术和关键装备，加快实现关键核心技术自主可控。成立产业链安全风险管理部门，搭建合作机制，促进产业链上下游企业间、政府部门间，乃至企业、政府与高校、研究机构等主体之间的协同合作。

加强国际产业安全合作，形成具有更强创新力、更安全可靠的产业链供应链。推进产业链生态主体间的国际合作，尤其把加强与周边国家合作作为国际产业合作的重中之重。充分发挥"一带一路"产业合作国际大平台作用，提升与"一带一路"沿线国家的产业合作层次，大力发展数字丝绸之路，加大产业合作、技术交流、规则制定、人才流动等方面的合作力度。加强中非之间在钢铁、有色金属、建材、高铁、电力、化工、轻工纺织等行业的产能合作。加快推进中国与拉美的自由贸易协议升级和自贸区建设，拓展中拉产业合作的广度和深度。加强与欧洲国家合作，拓宽我国获取关键技术与高技术产品的途径。

坚持开放主义和多边主义，建设更加公正合理的全球经济治理体系。维护多边贸易体制，继续推动重启 WTO 争端解决机制，积极促进国际投资协定（IIA）改革，推动新兴领域经济治理规则制定。积极参与多双边区域投资贸易合作机制，构建面向全球的高标准自由贸易区网络。持续深化与联合国、二十国集团、上合组织、欧亚经济联盟、东盟等域内外组织建立的多种形式的联系与对话机制，搭建国家之间的价值共创机制、跨国协调机制、利益共享机制和风险分担机制，打造更加开放、自由和公正的国际经济环境。

参考文献

［1］江小涓，孟丽君．内循环为主、外循环赋能与更高水平双循环——国际经验与中国实践［J］．管理世界，2021，37（1）：1-19.

［2］沈国兵．"新冠肺炎"疫情对我国外贸和就业的冲击及纾困举措［J］．上海对外经贸大学学报，2020，27（2）：16-25.

［3］赵启南，林羽丰．定位：媒介化理论的象限与流派［J］．新闻春秋，2019（6）：69-75.

［4］胡翼青，郭静．自律与他律：理解媒介化社会的第三条路径［J］．湖南师范大学社会科学学报，2019，48（6）：128-135.

［5］樊攀，郎劲松．媒介化视域下环境维权事件的传播机理研究——基于2007年-2016年的环境维权事件的定性比较分析（QCA）［J］．国际新闻界，2019，41（11）：115-126.

［6］曹国东．国家认同建构中的媒介逻辑［J］．传媒，2019（20）：90-93.

［7］孙玮．交流者的身体：传播与在场——意识主体、身体-主体、智能主体的演变［J］．国际新闻界，2018，40（12）：83-103.

［8］孙浦阳，侯欣裕，盛斌．服务业开放、管理效率与企业出口［J］．经济研究，2018，53（7）：136-151.

［9］詹晓宁，欧阳永福．数字经济下全球投资的新趋势与中国利用外资的新战略［J］．管理世界，2018，34（3）：78-86.

［10］盛斌，毛其淋．进口贸易自由化是否影响了中国制造业出口技术复杂度［J］．世界经济，2017，40（12）：52-75.

［11］张威．我国营商环境存在的问题及优化建议［J］．理论学刊，2017（5）：60-72.

［12］李政，杨思莹，何彬. FDI 抑制还是提升了中国区域创新效率？——基于省际空间面板模型的分析［J］. 经济管理，2017，39（4）：6-19.

［13］张辉，刘佳颖，何宗辉. 政府补贴对企业研发投入的影响——基于中国工业企业数据库的门槛分析［J］. 经济学动态，2016（12）：28-38.

［14］杨宏恩，孟庆强，王晶，李浩. 双边投资协定对中国对外直接投资的影响：基于投资协定异质性的视角［J］. 管理世界，2016（4）：24-36.

［15］许昊，万迪昉，徐晋. 风险投资背景、持股比例与初创企业研发投入［J］. 科学学研究，2015，33（10）：1547-1554.

［16］李丹，崔日明.“一带一路”战略与全球经贸格局重构［J］. 经济学家，2015（8）：62-70.

［17］林桂军，何武. 中国装备制造业在全球价值链的地位及升级趋势［J］. 国际贸易问题，2015（4）：3-15.

［18］黄健柏，徐震，徐珊. 土地价格扭曲、企业属性与过度投资——基于中国工业企业数据和城市地价数据的实证研究［J］. 中国工业经济，2015（3）：57-69.

［19］施炳展，曾祥菲. 中国企业进口产品质量测算与事实［J］. 世界经济，2015，38（3）：57-77.

［20］聂飞，刘海云. FDI、环境污染与经济增长的相关性研究——基于动态联立方程模型的实证检验［J］. 国际贸易问题，2015（2）：72-83.

［21］申现杰，肖金成. 国际区域经济合作新形势与我国“一带一路”合作战略［J］. 宏观经济研究，2014（11）：30-38.

［22］张杰，郑文平，翟福昕. 中国出口产品质量得到提升了么？［J］. 经济研究，2014，49（10）：46-59.

［23］施炳展，邵文波. 中国企业出口产品质量测算及其决定因素——培育出口竞争新优势的微观视角［J］. 管理世界，2014（9）：90-106.

［24］王海妹，吕晓静，林晚发. 外资参股和高管、机构持股对企业社会责任的影响——基于中国 A 股上市公司的实证研究［J］. 会计研究，2014（8）：81-87+97.

［25］唐末兵，傅元海，王展祥. 技术创新、技术引进与经济增长方式转变

［J］．经济研究，2014，49（7）：31-43.

［26］张宇，蒋殿春．FDI、政府监管与中国水污染——基于产业结构与技术进步分解指标的实证检验［J］．经济学（季刊），2014，13（2）：491-514.

［27］戴觅，余淼杰，Madhura Maitra．中国出口企业生产率之谜：加工贸易的作用［J］．经济学（季刊），2014，13（2）：675-698.

［28］毕克新，王禹涵，杨朝均．创新资源投入对绿色创新系统绿色创新能力的影响——基于制造业 FDI 流入视角的实证研究［J］．中国软科学，2014（3）：153-166.

［29］胡加祥．国际投资准入前国民待遇法律问题探析——兼论上海自贸区负面清单［J］．上海交通大学学报（哲学社会科学版），2014，22（1）：65-73.

［30］商舒．中国（上海）自由贸易试验区外资准入的负面清单［J］．法学，2014（1）：28-35.

［31］李善民，李昶．跨国并购还是绿地投资？——FDI 进入模式选择的影响因素研究［J］．经济研究，2013，48（12）：134-147.

［32］金京，戴翔，张二震．全球要素分工背景下的中国产业转型升级［J］．中国工业经济，2013（11）：57-69.

［33］龚柏华．中国（上海）自由贸易试验区外资准入"负面清单"模式法律分析［J］．世界贸易组织动态与研究，2013，20（6）：23-33.

［34］施炳展．中国企业出口产品质量异质性：测度与事实［J］．经济学（季刊），2014，13（1）：263-284.

［35］施炳展，王有鑫，李坤望．中国出口产品品质测度及其决定因素［J］．世界经济，2013，36（9）：69-93.

［36］邓玉萍，许和连．外商直接投资、地方政府竞争与环境污染——基于财政分权视角的经验研究［J］．中国人口·资源与环境，2013，23（7）：155-163.

［37］阎大颖．中国企业对外直接投资的区位选择及其决定因素［J］．国际贸易问题，2013（7）：128-135.

［38］张杰，刘元春，郑文平．为什么出口会抑制中国企业增加值率？——基于政府行为的考察［J］．管理世界，2013（6）：12-27+187.

[39] 李坤望，王有鑫. FDI 促进了中国出口产品质量升级吗？——基于动态面板系统 GMM 方法的研究 [J]. 世界经济研究，2013（5）：60-66+89.

[40] 刘宏，李述晟. FDI 对我国经济增长、就业影响研究——基于 VAR 模型 [J]. 国际贸易问题，2013（4）：105-114.

[41] 毛其淋，盛斌. 贸易自由化、企业异质性与出口动态——来自中国微观企业数据的证据 [J]. 管理世界，2013（3）：48-65+68+66-67.

[42] 毛其淋. 要素市场扭曲与中国工业企业生产率——基于贸易自由化视角的分析 [J]. 金融研究，2013（2）：156-169.

[43] 史青. 外商直接投资、环境规制与环境污染——基于政府廉洁度的视角 [J]. 财贸经济，2013（1）：93-103.

[44] 李昕，徐滇庆. 中国外贸依存度和失衡度的重新估算——全球生产链中的增加值贸易 [J]. 中国社会科学，2013（1）：29-55+205.

[45] 宋维佳，许宏伟. 对外直接投资区位选择影响因素研究 [J]. 财经问题研究，2012（10）：44-50.

[46] 吴延兵. 中国哪种所有制类型企业最具创新性？[J]. 世界经济，2012，35（6）：3-25+28-29+26-27.

[47] 盛斌，吕越. 外国直接投资对中国环境的影响——来自工业行业面板数据的实证研究 [J]. 中国社会科学，2012（5）：54-75+205-206.

[48] 许和连，邓玉萍. 外商直接投资导致了中国的环境污染吗？——基于中国省际面板数据的空间计量研究 [J]. 管理世界，2012（2）：30-43.

[49] 余淼杰. 加工贸易、企业生产率和关税减免——来自中国产品面的证据 [J]. 经济学（季刊），2011，10（4）：1251-1280.

[50] 朱平芳，张征宇，姜国麟. FDI 与环境规制：基于地方分权视角的实证研究 [J]. 经济研究，2011，46（6）：133-145.

[51] 陈爱贞，刘志彪. 决定我国装备制造业在全球价值链中地位的因素——基于各细分行业投入产出实证分析 [J]. 国际贸易问题，2011（4）：115-125.

[52] 叶林祥，李实，罗楚亮. 行业垄断、所有制与企业工资收入差距——基于第一次全国经济普查企业数据的实证研究 [J]. 管理世界，2011（4）：26-

36+187.

　　［53］罗长远，陈琳．FDI 是否能够缓解中国企业的融资约束［J］．世界经济，2011，34（4）：42-61.

　　［54］王华，赖明勇，柴江艺．国际技术转移、异质性与中国企业技术创新研究［J］．管理世界，2010（12）：131-142.

　　［55］傅元海，唐未兵，王展祥．FDI 溢出机制、技术进步路径与经济增长绩效［J］．经济研究，2010，45（6）：92-104.

　　［56］李青原，赵奇伟，李江冰，江春．外商直接投资、金融发展与地区资本配置效率——来自省级工业行业数据的证据［J］．金融研究，2010（3）：80-97.

　　［57］钟昌标．外商直接投资地区间溢出效应研究［J］．经济研究，2010，45（1）：80-89.

　　［58］陶长琪，齐亚伟．中国全要素生产率的空间差异及其成因分析［J］．数量经济技术经济研究，2010，27（1）：19-32.

　　［59］朱承亮，岳宏志，李婷．中国经济增长效率及其影响因素的实证研究：1985~2007 年［J］．数量经济技术经济研究，2009，26（9）：52-63.

　　［60］黄薇．中国保险机构资金运用效率研究：基于资源型两阶段 DEA 模型［J］．经济研究，2009，44（8）：37-49.

　　［61］廖理，肖作平．公司治理影响公司现金持有量吗——来自中国上市公司的经验证据［J］．中国工业经济，2009（6）：98-107.

　　［62］郭熙保，罗知．外资特征对中国经济增长的影响［J］．经济研究，2009，44（5）：52-65.

　　［63］文东伟，冼国明，马静．FDI、产业结构变迁与中国的出口竞争力［J］．管理世界，2009（4）：96-107.

　　［64］陈继勇，盛杨怿．外商直接投资的知识溢出与中国区域经济增长［J］．经济研究，2008，43（12）：39-49.

　　［65］徐崇利．利益平衡与对外资间接征收的认定及补偿［J］．环球法律评论，2008（6）：28-41.

　　［66］李晓钟，张小蒂．外商直接投资对我国技术创新能力影响及地区差异

分析 [J]．中国工业经济，2008（9）：77-87.

[67] 郭红燕，韩立岩．外商直接投资、环境管制与环境污染 [J]．国际贸易问题，2008（8）：111-118.

[68] 邱斌，杨帅，辛培江．FDI 技术溢出渠道与中国制造业生产率增长研究：基于面板数据的分析 [J]．世界经济，2008（8）：20-31.

[69] 蒋殿春，张宇．经济转型与外商直接投资技术溢出效应 [J]．经济研究，2008（7）：26-38.

[70] 马林，章凯栋．外商直接投资对中国技术溢出的分类检验研究 [J]．世界经济，2008（7）：78-87.

[71] 路江涌．外商直接投资对内资企业效率的影响和渠道 [J]．经济研究，2008（6）：95-106.

[72] 李永友，沈坤荣．辖区间竞争、策略性财政政策与 FDI 增长绩效的区域特征 [J]．经济研究，2008（5）：58-69.

[73] 亓朋，许和连，艾洪山．外商直接投资企业对内资企业的溢出效应：对中国制造业企业的实证研究 [J]．管理世界，2008（4）：58-68.

[74] 时建中．我国《反垄断法》的特色制度、亮点制度及重大不足 [J]．法学家，2008（1）：14-19+4.

[75] 范承泽，胡一帆，郑红亮．FDI 对国内企业技术创新影响的理论与实证研究 [J]．经济研究，2008（1）：89-102.

[76] 孙力军．金融发展、FDI 与经济增长 [J]．数量经济技术经济研究，2008（1）：3-14.

[77] 张宇．FDI 技术外溢的地区差异与吸收能力的门限特征——基于中国省际面板数据的门限回归分析 [J]．数量经济技术经济研究，2008（1）：28-39.

[78] 唐旭，梁猛．中国贸易顺差中是否有热钱，有多少？[J]．金融研究，2007（9）：1-19.

[79] 平新乔，关晓静，邓永旭，李胤，梁爽，陈工文，章椹元，周艺艺．外国直接投资对中国企业的溢出效应分析：来自中国第一次全国经济普查数据的报告 [J]．世界经济，2007（8）：3-13.

[80] 史晋川，赵自芳．所有制约束与要素价格扭曲——基于中国工业行业

数据的实证分析［J］．统计研究，2007（6）：42-47.

［81］赵奇伟，张诚．金融深化、FDI 溢出效应与区域经济增长：基于1997～2004 年省际面板数据分析［J］．数量经济技术经济研究，2007（6）：74-82.

［82］许和连，魏颖绮，赖明勇，王晨刚．外商直接投资的后向链接溢出效应研究［J］．管理世界，2007（4）：24-31+39.

［83］黄日福，陈晓红．FDI 与产业结构升级：基于中部地区的理论及实证研究［J］．管理世界，2007（3）：154-155.

［84］林毅夫．关于人民币汇率问题的思考与政策建议［J］．世界经济，2007（3）：3-12.

［85］宋勃，高波．国际资本流动对房地产价格的影响——基于我国的实证检验（1998—2006 年）［J］．财经问题研究，2007（3）：55-61.

［86］姜瑾，朱桂龙．外商直接投资行业间技术溢出效应实证分析［J］．财经研究，2007（1）：112-121.

［87］蒋殿春，张宇．行业特征与外商直接投资的技术溢出效应：基于高新技术产业的经验分析［J］．世界经济，2006（10）：21-29+95.

［88］马天毅，马野青，张二震．外商直接投资与我国技术创新能力［J］．世界经济研究，2006（7）：4-8+83.

［89］潘镇．制度质量、制度距离与双边贸易［J］．中国工业经济，2006（7）：45-52.

［90］谢建国．外商直接投资对中国的技术溢出——一个基于中国省区面板数据的研究［J］．经济学（季刊），2006（3）：1109-1128.

［91］胡一帆，宋敏，郑红亮．所有制结构改革对中国企业绩效的影响［J］．中国社会科学，2006（4）：50-64+206.

［92］沙文兵，石涛．外商直接投资的环境效应——基于中国省级面板数据的实证分析［J］．世界经济研究，2006（6）：76-81+89.

［93］张杰，尚长风．资本结构、融资渠道与小企业融资困境——来自中国江苏的实证分析［J］．经济科学，2006（3）：35-46.

［94］阳小晓，赖明勇．FDI 与技术外溢：基于金融发展的理论视角及实证研

究［J］．数量经济技术经济研究，2006（6）：72-81.

［95］朱平芳，李磊．两种技术引进方式的直接效应研究——上海市大中型工业企业的微观实证［J］．经济研究，2006（3）：90-102.

［96］余永定，覃东海．中国的双顺差：性质、根源和解决办法［J］．世界经济，2006（3）：31-41.

［97］王红领，李稻葵，冯俊新．FDI 与自主研发：基于行业数据的经验研究［J］．经济研究，2006（2）：44-56.

［98］叶欣．外资银行进入对中国银行业效率影响的实证研究［J］．财经问题研究，2006（2）：61-66.

［99］殷凤．中国服务业利用外商直接投资：现状、问题与影响因素分析［J］．世界经济研究，2006（1）：4-10.

［100］裴长洪．吸收外商直接投资与产业结构优化升级——"十一五"时期利用外资政策目标的思考［J］．中国工业经济，2006（1）：33-39.

［101］应瑞瑶，周力．外商直接投资、工业污染与环境规制——基于中国数据的计量经济学分析［J］．财贸经济，2006（1）：76-81.

［102］王永齐．FDI 溢出、金融市场与经济增长［J］．数量经济技术经济研究，2006（1）：59-68.

［103］陈弋，Sylvie Démurger，Martin Fournier，杨真真．中国企业的工资差异和所有制结构［J］．世界经济文汇，2005（6）：11-31.

［104］潘申彪，余妙志．江浙沪三省市外商直接投资与环境污染的因果关系检验［J］．国际贸易问题，2005（12）：74-79.

［105］潘向东，廖进中，赖明勇．经济制度安排、国际贸易与经济增长影响机理的经验研究［J］．经济研究，2005（11）：57-67+124.

［106］冼国明，严兵．FDI 对中国创新能力的溢出效应［J］．世界经济，2005（10）：18-25+80.

［107］赖明勇，包群，彭水军，张新．外商直接投资与技术外溢：基于吸收能力的研究［J］．经济研究，2005（8）：95-105.

［108］蒋殿春，夏良科．外商直接投资对中国高技术产业技术创新作用的经验分析［J］．世界经济，2005（8）：5-12+82.

［109］刘荣添，林峰．我国东、中、西部外商直接投资（FDI）区位差异因素的 Panel Data 分析［J］．数量经济技术经济研究，2005（7）：25-34．

［110］詹晓宁，邢厚媛．服务外包：发展趋势与承接战略［J］．国际经济合作，2005（4）：11-16．

［111］经济增长前沿课题组．国际资本流动、经济扭曲与宏观稳定——当前经济增长态势分析［J］．经济研究，2005（4）：4-16．

［112］贺卫，伍星，高崇．我国服务贸易竞争力影响因素的实证分析［J］．国际贸易问题，2005（2）：43-47．

［113］李雪．外商直接投资的产业结构效应［J］．经济与管理研究，2005（1）：15-18．

［114］平新乔．政府保护的动机与效果——一个实证分析［J］．财贸经济，2004（5）：3-10+95．

［115］王春法．FDI 与内生技术能力培育［J］．国际经济评论，2004（2）：19-22．

［116］朱华晟．基于 FDI 的产业集群发展模式与动力机制——以浙江嘉善木业集群为例［J］．中国工业经济，2004（3）：106-112．

［117］张海洋，刘海云．外资溢出效应与竞争效应对中国工业部门的影响［J］．国际贸易问题，2004（3）：76-81．

［118］何枫，陈荣．经济开放度对中国经济效率的影响：基于跨省数据的实证分析［J］．数量经济技术经济研究，2004（3）：18-24．

［119］朱东平．外商直接投资、知识产权保护与发展中国家的社会福利——兼论发展中国家的引资战略［J］．经济研究，2004（1）：93-101．

［120］殷华方，鲁明泓．中国吸引外商直接投资政策有效性研究［J］．管理世界，2004（1）：39-45+117．

［121］陈涛涛．中国 FDI 行业内溢出效应的内在机制研究［J］．世界经济，2003（9）：23-28．

［122］赖明勇，包群．关于技术外溢与吸收能力的研究综述——外商直接投资理论研究新进展［J］．经济学动态，2003（8）：75-79．

［123］潘文卿．外商投资对中国工业部门的外溢效应：基于面板数据的分析

［J］. 世界经济，2003（6）：3-7+80.

［124］陈涛涛. 影响中国外商直接投资溢出效应的行业特征［J］. 中国社会科学，2003（4）：33-43+204.

［125］沈坤荣，田源. 人力资本与外商直接投资的区位选择［J］. 管理世界，2002（11）：26-31.

［126］张长春. 影响 FDI 的投资环境因子分析［J］. 管理世界，2002（11）：32-41.

［127］詹晓宁，葛顺奇. 出口竞争力与跨国公司 FDI 的作用［J］. 世界经济，2002（11）：19-25.

［128］包群，赖明勇. 中国外商直接投资与技术进步的实证研究［J］. 经济评论，2002（6）：63-66+71.

［129］江小涓. 中国的外资经济对增长、结构升级和竞争力的贡献［J］. 中国社会科学，2002（6）：4-14+204.

［130］赖明勇，包群，阳小晓. 我国外商直接投资吸收能力研究［J］. 南开经济研究，2002（3）：45-50.

［131］赖明勇，包群，阳小晓. 外商直接投资的吸收能力：理论及中国的实证研究［J］. 上海经济研究，2002（6）：9-17.

［132］孙俊. 中国 FDI 地点选择的因素分析［J］. 经济学（季刊），2002（2）：687-698.

［133］谭中明. 我国商业银行效率分析［J］. 中国软科学，2002（3）：35-37+19.

［134］江小涓，杜玲. 对外投资理论及其对中国的借鉴意义［J］. 经济研究参考，2002（73）：32-44.

［135］魏后凯，贺灿飞，王新. 外商在华直接投资动机与区位因素分析——对秦皇岛市外商直接投资的实证研究［J］. 经济研究，2001（2）：67-76+94.

［136］黄华民. 外商直接投资与我国实质经济关系的实证分析［J］. 南开经济研究，2000（5）：46-51.

［137］沈坤荣，耿强. 外国直接投资的外溢效应分析［J］. 金融研究，2000（3）：103-110.

［138］郭克莎．外商直接投资对我国产业结构的影响研究［J］．管理世界，2000（2）：34-45+63.

［139］杨迤．外商直接投资对中国进出口影响的相关分析［J］．世界经济，2000（2）：44-49.

［140］沈坤荣．外国直接投资与中国经济增长［J］．管理世界，1999（5）：22-34.

［141］夏友富．外商投资中国污染密集产业现状、后果及其对策研究［J］．管理世界，1999（3）：109-123.

［142］刘恩专．外商直接投资的出口贸易效应分析［J］．当代经济科学，1999（2）：65-70.

［143］张帆，郑京平．跨国公司对中国经济结构和效率的影响［J］．经济研究，1999（1）：47-54.

［144］秦晓钟．浅析外商对华直接投资技术外溢效应的特征［J］．投资研究，1998（4）：46-49.

［145］鲁明泓．外国直接投资区域分布与中国投资环境评估［J］．经济研究，1997（12）：38-45.

［146］Aliber R Z. A theory of direct foreign investment［J］. The international corporation，1970（2）：12-36.

［147］Cheng L K, Kwan Y K. What are the determinants of the location of foreign direct investment? The Chinese experience［J］. Journal of international economics，2000（2）：379-400.

［148］Cieślik A, Ryan M. Explaining Japanese direct investment flows into an enlarged Europe：A comparison of gravity and economic potential approaches［J］. Journal of the Japanese and International Economies，2004（1）：12-37.

［149］Dunning J H. Trade，location of economic activity and the MNE：A search for an eclectic approach［M］. London：Palgrave Macmillan，1977.

［150］Gastanaga V M, Nugent J B, Pashamova B. Host country reforms and FDI inflows：How much difference do they make?［J］. World Development，1998（7）：1299-1314.

［151］Gieve，J，Provost，C. Ideas and coordination in policymaking：The financial crisis of 2007-2009 ［J］. Governance，2012（1）：68-91.

［152］Kojima K. TRANSFER of technology to developing countries—Japanese type versus American type ［J］. Hitotsubashi Journal of Economics，1977（2）：1-14.

［153］Lau H F. Industry evolution and internationalization processes of firms from a newly industrialized economy ［J］. Journal of Business Research，2003（10）：847-852.

［154］List J A，Co C Y. The effects of environmental regulations on foreign direct investment ［J］. Journal of Environmental Economics and Management，2000（1）：1-20.

［155］Mayer T，Mucchielli J L. Strategic location behaviour：The case of Japanese investments in Europe ［J］. Journal of Transnational Management Development，1998（3-4）：131-167.

［156］Vernon R. International investment and international trade in the product cycle ［J］. V Quarterly Journal of Economics，1966（5）：190-207.